拒絕「危險育兒」！

從一萬名犯罪者中
分析出的危險育兒法

犯罪心理學家
出口保行

楓書坊

前言　近在你我身邊的「危險育兒」

「我家孩子怎麼會做出這種事？」

竊盜、傷害、濫用藥物、電信詐騙……我在少年鑑別所服務時，經常聽到犯罪少年的父母語氣震驚地說出這句話。

父母在面談時會詢問自己的孩子：「怎麼會變成這樣？」面對職員則只會說：「我想不到任何可能的原因。」

從這句話中，可以看出「孩子在我們不知道的地方擅自做了壞事……」這種父母自私的態度。

孩子是瞞著父母做了失當行為沒錯，但是導致孩子做出失當行為背後的一大要因，是「危險育兒」。由此可知，這是父母在沒有自覺的情況下持續「危險育兒」所造成的結果。

大部分的非行少年在犯罪之前，都曾發出某種ＳＯＳ訊號。最常見的情況就是，沒有人注意到這個訊號，於是孩子愈走愈偏，最後因為某個契機，致使問題浮出水面。

孩子不會自己變壞。根據我身為法務省心理師，長期對非行少年和罪犯進行心理分析的經驗，我對此非常確信。

若父母的態度是「我們這麼為孩子著想、為孩子努力，這孩子卻不知感恩，自己變壞」，那麼這名非行少年的更生之路將會非常艱難。

如果父母不願改變觀念、提供協助，非行少年的更生之路絕對不會順利。

我曾作為法務省心理師，任職於少年鑑別所、監獄、拘留所，對超過一萬名的非行少年、罪犯進行心理分析。在心理分析的過程中，也會透過面談仔細了解個案的親子關係。我有陪同過個案接見前來探視的父母，也有與個案的父母面談過。

我在某個監獄的調查中心，對一名二十幾歲的年輕受刑人進行心理分析時發生過這麼一件事。這名年輕受刑人是一般人眼中的「優秀人才」，畢業於知名大學、任職於知名企業，這樣的一個人卻因為盜領公款而被捕入獄。

聽他說話的時候，我注意到他有著「自己都沒錯，錯的是別人」的想法。

「自己明明這麼優秀，是不懂欣賞自己的公司和主管錯了。」

「那傢伙明明頭腦不好，卻因為油嘴滑舌而受到主管賞識。」

當時他是這麼說的。他似乎認為，自己不是盜用公款，只是拿回自己該領卻沒領到的獎金而已。言下之意就是，不欣賞自己的公司有錯在先，所以盜領公款是理所當然的。

不僅如此，他還曾用高高在上的態度說：「監獄的職員明明學歷都很低，卻總是在說些自以為了不起的話。」完全沒有要正視自己問題的意思。

之後，我和他的父母面談，對方也說了一模一樣的話。

「不懂得好好運用我們優秀兒子的爛公司，就該給他們一點顏色瞧瞧。」

原來他是原封不動地繼承了父母的價值觀。雖然他已經成人，而且這件事的責任也在他自己身上，但我不禁覺得「或許不能完全怪他本人」。

未成年者更是如此。孩子無論如何都會受到父母價值觀的影響。想要更生，本人的努力當然很重要，但如果家長沒有一起改變，有時候也令人感到無能為力。

在此先向各位簡單介紹一下，非行少年的心理分析是在做什麼。

原則上，當未滿二十歲的少年（此處所說的少年亦包含少女）犯罪時，基於少年法，要接受少年法庭審判。必要時，在上少年法庭受審之前，少年會被收容至少年鑑別所，接受為期約四週的心理分析。

心理分析的方式主要有「面談」、「心理測驗」、「行動觀察」這三種。

「面談」的時候，會仔細了解少年的成長經歷、家庭環境、學校環境、發生過的事情，以及事件的來龍去脈。與警察的訊問不同，這種面談注重的是少年認知的「主觀事實」。並不是要記錄對方何時、在哪裡、做了什麼這類客觀事實，而是要去了解對方如何看待這起事件、事件對對方造成了什麼樣的影響。

「心理測驗」是為了分析該少年的人格特徵、價值觀等而進行的檢查。會用客觀的指標進行測驗、評價。

「行動觀察」則是在面談以外的時間，觀察該少年的態度和狀態。除了觀察他們在鑑別所內生活的日常行為舉止的「一般行動觀察」以外，還有交付任務給他們，觀察他們會如何行動的「目的性行動觀察」。舉例來說，讓他們寫心得、做拼貼畫等細緻作業，觀察他們的反應和做事的積極度等。

這些心理分析的結果會寫成「鑑別結果通知書」，成為在家庭裁判所上決定少年處置的重要參考資料。

如果確定要進入少年院，這份心理分析結果會被運用在更生計畫上。雖然少年院會對非行少年進行教育，幫助少年更生，但教育內容必須符合每一個人的情況才行。為了幫每個人量身打造更生計畫，在少年鑑別所進行的心理分析扮演了很重要的角色。

如同前述，我長年從事著這些工作。現在，我在大學教授心理學，同時也以犯罪心理學家的身分，在報導節目和情報節目上解說犯罪者心理。

這樣的我為什麼會來寫育兒書籍呢？說句不好聽的，就是因為我看太多「失敗的育兒案例」了。我想自己的這些經驗，應該有助於緩解現在進行式的育兒煩惱，或是預防類似的失敗。

本書不會談論「這麼做就會順利」的育兒成功法則。因為我認為不存在可以套用於所有家庭的成功法則，就算有，那也不該由我來談論。

不過，我覺得我們可以從失敗中學習。

本書的宗旨就是把非行、犯罪的案例，轉變成育兒的教訓。

關於失敗的育兒，可以分成四種類型來說明。

因為從心理學的觀點來看，帶給孩子深遠影響的「父母教養態度」可以分為「過度保護型」、「高壓型」、「溺愛型」、「忽略型」這四種類型。

而這四種類型適用所有父母，不只是非行少年的父母。雖然不是每一種類型都意味著失敗，但無論是哪一型，只要過度就會形成「危險育兒」。因此，本書會針對各類型中潛藏的危險和注意事項進行說明。希望本書能成為讓家長反思自己的育兒方式是否有過度之處的契機。

從第一章開始，各章開頭都會收錄非行、犯罪的案例。各位應該能從這些案例中，看出不平衡的極端教養態度。同時，這些育兒案例並非與自己毫無關係，只要走錯一步，就有可能陷入同樣的情況。應該也有些部分會給人近在身邊的感覺吧？

當然，我不能原封不動地寫出自己實際遇到的案例，因此這些都是由好幾個典型案例組合而成的虛構案例。不過，其中的每一個細節都是真實的。請各位務必把它們當成真實案例來閱讀。

另外，本書中也會出現前作《你說的話，對孩子是心靈雞湯，還是心靈毒藥？》（悅知文化）的延伸內容。

前作聚焦於父母的「話語」，而這次則把重點放在「教養態度」，兩者各為獨立的書籍，不過連同前作一起閱讀，應該更能加深理解。

在目錄之後，就進入正式內容了。希望各位讀者能從本書中得到收穫。

二〇二三年七月

出口保行

目錄

序章　育兒方式分為四種類型

第1章

無法自己做決定的孩子——過度保護型容易遭遇的危險

第2章 無法自主思考並行動的孩子——高壓型容易遭遇的危險

第3章 不理解他人感受的孩子——溺愛型容易遭遇的危險

第4章 因為缺愛而失控的孩子——忽略型容易遭遇的危險

附錄 育兒四類型檢查表

終章 只要父母有所察覺，孩子也會改變

育兒方式分為四種類型

父母的教養態度分為四種

本書將「危險育兒」分成四種類型來介紹，而其基礎為「賽門式分類」。「賽門式分類」是長期運用於心理學領域的「父母教養態度分類」。

這是一九三九年，美國心理學家賽門（Symonds）調查研究父母養育態度會對孩子造成何種影響時的分類方法。雖然還有其他關於孩子個性與親子關係的調查研究，但賽門的研究是其中最知名的，可以說是一切的基礎。

賽門首先將父母的教養態度，分類成「支配、服從、接受、拒絕」這四個方向（圖1）。

圖1　父母教養態度的方向

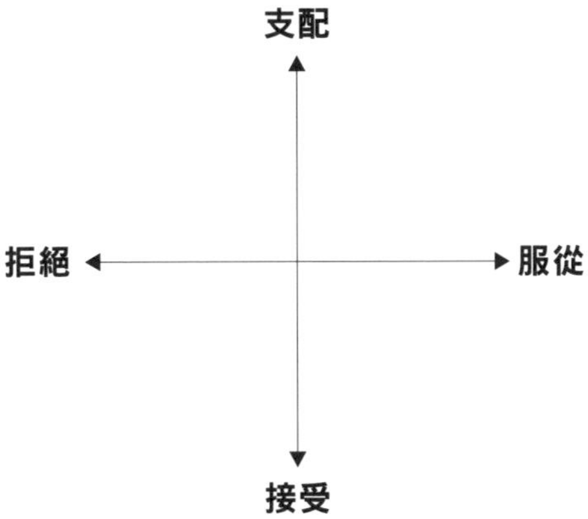

支配
命令、強制孩子做事的教養態度。

服從
父母看孩子的臉色行事，對孩子百依百順的教養態度。

接受
過度保護孩子的教養態度。

拒絕
無視、拒絕孩子的冷淡教養態度。

支配與服從、接受與拒絕互為反方向。將「支配—服從」的縱軸和「接受—拒絕」的橫軸整理好之後，可以

圖2　四種育兒類型

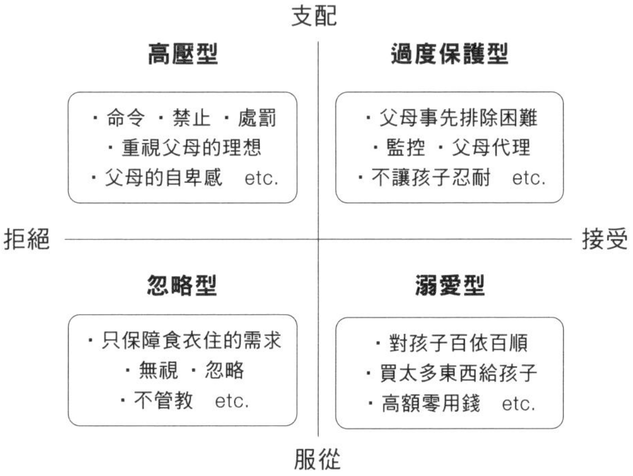

得到四個象限（圖2）。

「支配」×「接受」＝過度保護型

控制並保護孩子，過於積極的教養態度。過度關照孩子，剝奪孩子自我成長的機會。孩子會變得依賴他人，沒有自主性，容易受到挫折。

「支配」×「拒絕」＝高壓型

不認可孩子，掌控孩子的教養態度。下達命令，要孩子依照父母的想法行動。孩子會缺乏自動自發做事的動力，自我肯定感低落。

「服從」×「接受」＝溺愛型

看孩子的臉色，對孩子百依百順的教養態度。不進行必要的指導，不給孩子自己解決問題的機會。孩子會缺乏同理心、自我中心。

「服從」×「拒絕」＝忽略型

以拒絕的態度對待孩子，主動不理睬孩子的教養態度。以父母自己的生活為中心，對孩子漠不關心。孩子會產生強烈的受害感與疏離感，自我肯定感低落。

就像這四個象限一樣，幾乎所有的案例都同時具備兩個方向的教養態度。每一名家長，都屬於這四個象限的其中之一。

因此，本書將「過度保護型、高壓型、溺愛型、忽略型」這四個象限視為「四種育兒類型」。

這四種類型也會用於非行少年心理分析

以簡單明瞭的四種類型進行分類，反思自己的教養態度和育兒方針，這就是本書給大家的提議。

無論是誰，與孩子相處的方式或多或少都有所「偏差」，為了避免繼續走偏，時不時自我檢查是一件很重要的事。

我之所以會選擇賽鬥式分類作為自我檢查的工具，是因為它屬於最基本的概念。我在對非行少年進行心理分析時，也會把這個分類當作基礎記在心上，這對於建立假說很有幫助。我會先大致建立一個關於親子關係的假說，再進行面談。

我所運用的心理學，必須要先建立假說才能開始。

說到底，心理學是「科學」的其中一個領域，是一門運用科學方法分析人的心理與行動的學問。心理學不會盲目地展開調查，基本上要先建立假說，基於假說進行調查並驗證。然後，利用得到的結果讓社會變得更好。

我曾經在綜藝節目上，被要求觀察藝人的行動之後「猜測對方的心理」。大家經常驚訝地說：「猜中了！」但我其實不是用「猜」的。

心理學不是占卜或預言。我只是能夠基於過去大量的心理分析經驗以及心理學理論，建立高精確度的「假說」而已。

我會上報導節目，在人家問我「這名罪犯抱持著什麼樣的心理？」的時候進行解說。而這些也不過只是假說。我並沒有事先對本人進行過心理分析，所以實際情況如何我並不知道。我只是盡己所能，提出可能性最高的假說而已。

建立假說的方法有很多種，不過在「孩子的問題與父母教養態度」方面，賽門的四種類型非常有幫助。

非行少年的父母多屬於哪一種類型？

我在少年鑑別所對許多非行少年進行心理分析時，發現導致少年走偏的原因，經常都在於父母教養態度的偏差。

那麼，這四種類型的哪一種占多數呢？

一般來說，大家可能會想到「忽略型」。確實是有一定數量的父母對孩子漠不關心，無論孩子做了什麼，都擺著一副「我不知道，那是孩子自己的行為，錯不在我」的樣子。如果抱持這種態度，孩子會沒辦法學習承擔責任。我很想說，沒有得到足夠的愛，遭到父母忽視，這樣不變壞才奇怪呢。

然而，事情並不全然是如此。從第一章開始，會介紹各類型的案例，每種類型都有令我印象深刻的案例，因此答案是「每種類型都很多」。

不管是哪一種方向的教養態度，只要有極端的偏差，就會出問題。

圖3　非行少年對父母教養態度的認知

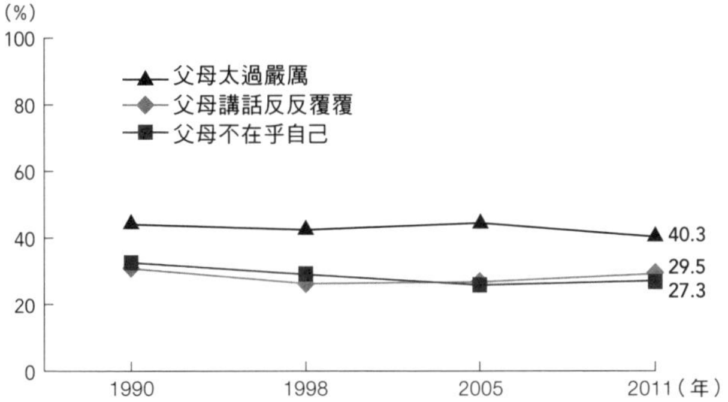

出處：2011年版犯罪白皮書（法務省）

話說回來，有一項調查統計了非行少年對自己父母教養態度的想法（圖3）。調查結果顯示，約四成的非行少年在「父母太過嚴厲」這個項目中，回答了「是」。

而「父母不在乎自己」、「父母講話反反覆覆」這兩個項目，都維持在三成上下的水準。

每個項目都沒有隨著年分而出現大幅變化，而是保持在一定的比例，由此可知，這是受試者普遍的想法。

總結來說，可以看出非行少年對父母的以下幾點心懷不滿：

- 嚴厲
- 不在乎自己
- 反反覆覆

從這裡很容易就可以看出，「不在乎自己」是忽略型的問題，那麼其他兩個屬於哪一種類型的問題呢？

明明不嚴厲，卻讓人覺得嚴厲的原因

首先，「父母太過嚴厲」究竟是怎麼一回事呢？

以四種類型來說，就是「過度保護型」和「高壓型」這種偏向支配的教養態度。

父母想要掌控孩子，會監視孩子，並在孩子脫離控制時斥責。當孩子覺得受到壓迫，試圖逃離的時候，就有可能會走偏。

另一項可能的因素，是指導的**適時性問題**。

適時性一詞聽起來可能有點艱澀，不過簡單來說，就是「該在什麼時候責罵」的問題。

讓我來說明這是怎麼一回事。

凡事都避免孩子遭遇失敗，對孩子的成長而言不算好事，但也有不需要遭遇的失敗。舉例來說，孩子一直偷摘鄰居庭院果樹上的水果回家，因此鄰居向父母反映：「府上的孩子……」此時才得知這件事的父母大罵孩子：「你到底在做什麼！連這種事都不懂嗎！去跟人家道歉！」

如果在這之前，父母和孩子一起在附近散步時，告訴孩子：「長出果子了，看起來很好吃呢，但是不能自己偷摘喔。」事情應該就不會演變成這樣了吧。

也就是說，父母明明沒有教導孩子社會的規則，卻在孩子犯錯後斥責孩子，就會讓孩子覺得父母很嚴厲。

所謂的適時性問題，就是應該在事前斥責（或者該說是教導），還是在事後斥責，而父母弄錯了斥責的時機。

明明如果事前有好好教導，就不用在事後斥責孩子了，但因為父母事前沒有教導孩子，所以孩子遭受斥責。言下之意就是，**如果適時性不佳，遭受斥責的次數就會增加，**造就出覺得「自己老是被罵，父母太嚴厲」的非行少年。這種案例不僅會出現在「過度保護型」和「高壓型」，更常見於平時不責罵孩子的「溺愛型」和「忽略型」。

換言之，「父母太過嚴厲」的不滿，在四種類型中都有可能出現。

父母陰晴不定，親子間會無法建立信任關係

「父母講話反反覆覆」也是每一種類型都會發生的狀況。

明明平常玩遊戲玩很久，父母也不會說什麼，但不知為何某天突然被罵：「是要玩到什麼時候啊！」

明明之前父母說要和大家當好朋友，某天卻開始說：「不要和某某孩子來往。」

明明之前父母答應要買自己想要的東西，出口催促之後，他們卻改口說：「還是算了。」

說過的話莫名其妙改變，孩子會感到混亂。這是理所當然的。說話反反覆覆的人無法信任。

然而，在如今這個資訊爆炸的年代，會接連不斷地看到「這樣做就對了」之類的育兒資訊，所以我想父母自己也很容易迷失方向。對於自己決定的育兒方針也沒有自信，會感到不安或煩躁，覺得：「真的這樣就好了嗎？」

擁有奠基於某項假說的育兒方針是很重要的。育兒需要方針，有了方針才不會走一步算一步，看心情改變自己說過的話。

還有一個重點，就是發現錯誤時不要害怕修正。無須從頭到尾貫徹之前決定的方針，假說也有可能是錯誤的。發現錯誤的時候，只要進行修正，建立新的假說即可。因為沒有絕對的正確答案，所以只能不斷重複這個循環。

進行修正的時候，最重要的一點就是要好好告訴孩子。

「爸媽過去很擔心你，所以什麼事都幫你做好，但是現在我們覺得必須要多相信你一點。之後我們會盡量不出手幫忙，只在一旁守護你喔。」

連理由也一併好好告訴孩子，孩子是會理解的。但如果什麼都沒說，就突然不做那些以前都會幫孩子做的事情，孩子會覺得「自己被拋棄了」。如此反覆，信任關係就會瓦解。

親子間的信任關係是最重要的。

只要有信任關係，有多少問題都可以一起解決。

沒有父母是毫無偏差的，但是……

希望大家先了解一個前提，那就是無論哪個類型，只要過度都很危險，而且用反反覆覆的態度與孩子相處，親子之間會很難建立信任關係。

請各位再看一次四類型的圖表（P22）。其實，理想的父母就位於橫軸與縱軸交叉的中心點。在平衡的家長照顧之下，孩子的心情和情緒都會很穩定，因此能夠健全地成長。

雖說如此，但現實中應該沒有永遠處於正中央的父母吧。有時候會溺愛，有時候會嚴厲。就像大家經常對哥哥、姊姊採取高壓的態度，卻會溺愛弟弟、妹妹一樣，人們的教養態度會依據時期、情況或孩子的不同而有所偏差，這是很正常的。

只要不是極端的偏差就沒關係。些許的偏差並不會引發立即性的問題。

不過，育兒這件事是很容易出現偏見或偏差的。尤其是在都市化、核心家庭化的現代，家庭是個相當封閉的空間。外人出手干涉就會變成「多管閒事」，再說，願意積極談論家中問題的人應該也是少數。

正因如此，時不時反思自己的育兒方式是很重要的。**為了孩子好而做的事，有沒有造成孩子的痛苦呢？**有沒有造成問題呢？

這時候，利用像賽門式分類這種簡單的工具，會比較容易反思自我。可以把這四種類型當作其中一個線索來思考，或夫妻兩人一起討論。

例如，鼓起勇氣對另一半說：「我覺得我們現在好像太溺愛孩子了。讓我們多考量一下孩子的未來，指導孩子吧。」

面對至今為止一直毫無節制地打遊戲地孩子，就老實對他說：「以前我們沒有制定打遊戲的規則，但如果打遊戲打到半夜，隔天起不了床，我覺得這樣不太好。要是一開始就訂好規則就好了，我卻沒這麼做，對不起。我們來討論一下要制定什麼樣的規則吧。」

先告訴對方，再修正方針。如果修正後能順利就太好了，而如果又出現問題，那就再建立別的假說，繼續修正。

站在假說的基礎上，討論修正點的溝通方式

實施基於假說的教育計畫，時不時反思自我，尋找修正點。此時要好好告訴本人，再進行修正。這就是少年院的老師幫助非行少年更生的方法，實際上也有做出成

果。單就少年院來說，日本非行少年的再入院率只有一至兩成，非常之低。

我特別注重的部分是信任關係。只要對方不認為「這個人可以信任」，有再好的計畫都不會順利。也有認為「大人全都是敵人」的非行少年存在，所以要好好與他們相處，讓他們理解「這個人是站在自己這邊的」。

如果孩子覺得這個值得信賴的大人，是真的為自己著想才說這些話，就會像海綿一樣快速吸收。

雖然犯罪是很嚴重、不能被輕易原諒的事，但好好面對罪行，就可以回歸社會。

放下偏見更輕鬆

序章差不多來到尾聲了，最後我要和大家說。

育兒難免有所偏差。為什麼呢？

因為人類是一種「偏見」很強的生物。

「偏見」有時候會是行動的引爆器，是自信的來源，為我們帶來正面的效果。但另一方面，也有可能造成他人或自己的痛苦。

有一個心理學用語叫「**確認偏誤**」，意思和偏見很類似。我們沒辦法認知到原原本本的事實，並且只會看見自己想看的，聽到自己想聽的。下意識地只收集加強偏見的資訊。

舉例來說，當你認為「報考私立中學對孩子比較好」的時候，就會一直看到考中學的成功經驗談或推薦報考私立中學的資訊。看見負面資訊時，則會覺得「總有人會說一些落後時代的話」、「沒有順利考上的人都會這樣抱怨」，選擇忽略，不當一回事。

反之亦然，「反對報考私立中學」的人也只會看見反對的理由。

不斷加強偏見，並往該方向直直前進，如果順利成功那倒還行，但也有很多人因此受苦。因為做出有偏誤的判斷，本來就是不合邏輯的。

剛才舉例說明的「確認偏誤」屬於「**認知偏誤**」的一種。近年來，認知偏誤的相關研究取得進展，也相當受各界關注，因此應該有人聽過吧。根據偏見、思考偏誤、經驗等等，做出不合邏輯判斷的心理現象，就統稱為認知偏誤。

偏誤愈強，就愈有可能做出錯誤的判斷，而這種情況經常會引發問題。

如果你現在有育兒方面（非育兒方面也行）的問題或煩惱，請反思自己有沒有被不必要的偏見困住。通常只要放下偏見，就會輕鬆許多。

此外，就算現在沒有任何問題，但只要能察覺到自己的偏誤，也許未來就不必承受多餘的痛苦。只要有「我搞不好抱有這種偏見」、「我可能失衡了」這層認知，看事情的角度就會改變。

這裡先列舉幾個本書會介紹到的認知偏誤例子。

確認偏誤

在無意識的情況下，收集符合自己具有的偏見或偏差想法的資訊，並無視其他資訊的傾向。

正常化偏誤

遭遇異常狀況的時候，安慰自己「沒什麼大不了」，讓心情平靜下來的心理機制。

透明度錯覺

以為對方比實際上更理解自己的想法和情感的誤解。

行為者—觀察者偏誤

把他人的行為歸因於那個人的人格特質，而把自己的行為歸因於環境等外部情境的傾向。

接著，就來看看各種類型的育兒方式吧。各類型的開頭會放上極端的案例。

「我家孩子的情況和非行少年的家庭完全不一樣……」

如果你這麼想，那也是一種偏見。

「我家孩子怎麼會做出這種事？」

說起來，很多非行少年的父母都會說這句話，就是因為抱有「我怎麼可能會育兒失敗」的偏見。

希望各位能屏除偏見，吸收本書的內容。

第1章

無法自己做決定的孩子
——過度保護型容易遭遇的危險

浩一的案例

罪狀

違反覺醒劑取締法
在住處多次服用安非他命，因為衝出家門四處亂跑等怪異行徑而遭民眾報警、檢舉。

對雙親來說，浩一是他們盼望已久的孩子。浩一的雙親在二十幾歲就結了婚，但始終沒能懷孕，母親似乎對此倍感煩惱。由於夫妻兩人都很想要孩子，每次說「這次又失敗了啊」這句話，都令他們感到相當痛苦。

在兩人結婚過了十五年，幾乎已經放棄希望的時候，卻奇蹟似地懷上了浩一。母親高興得不得了，在內心發誓要好好養育這個孩子。她生浩一的時候已經三十八歲了，所以並沒有想再生第二胎。

對雙親來說，浩一是他們的全部。「以浩一為中心」的生活就此展開。

要是浩一有個什麼三長兩短，好不容易實現的夢想生活就會破碎。因為有著這樣的想法，所以雙親擔心孩子擔心得不行。心想要是去外面玩出了什麼意外就不好了，於是買了室內用的鞦韆和攀爬架。讓孩子在家裡、父母目光所及之處玩耍，就安心多了。父母也買了很多玩具給他。幸好他們的經濟條件也還算富裕。

浩一對某個主題遊樂園很感興趣，於是父母毫不猶豫地買了年票。為了能夠每天帶他去玩，甚至搬家到遊樂園附近。

在浩一還年幼時就讓他去上幼兒教室，報考私立幼稚園，挑選能夠直升到大學的學校，費盡千辛萬苦考進，都是是為了讓浩一將來少吃點苦。

當浩一上幼兒教室、幼兒園的時候，當然是母親親自接送，上小學後也一樣，直到浩一小學畢業，都是由母親接送。母親去小學接浩一下課的時候，經常會直接帶他去遊樂園玩。

浩一的雙親秉持著任何事都幫孩子做好的態度，因此浩一成了一個吃完飯連碗盤也不會收拾的孩子。畢竟在家裡，這樣是完全沒問題的。浩一自己也不覺得有任何疑問與不滿，就這樣過著日子。對浩一來說，只要自己想要，父母什麼都會買給自己；想要做什麼，父母都會讓他去做，但是他也不曾為此特別感謝過父母，因為從小到大，這對他而言都是理所當然的事。然而，當父母「不幫自己做」的時候，他卻會感到不滿。

不僅如此，浩一並沒有對什麼事情特別熱衷，也沒有無論如何都想得到的東西。因此，他總是要父母隨便買點電玩遊戲給他，用電玩遊戲打發大把的時間。

高中的時候，浩一當上校慶的執行委員。他當然不是自願擔任的，只是委員會活動剛好輪到他而已。

「大家都把麻煩事推給我。」

當他在家如此抱怨，父母便絞盡腦汁地幫他想：「這樣的企畫如何？」

「這個企畫更好吧？」還去研究其他學校的校慶，統整各種點子。浩一看著為了孩子心甘情願做牛做馬的父母，心想：「算了，反正最後父母都會想辦法幫我處理好。」

浩一讀大學時，因為學分不足而留級，但是當時必須繳交的報告也是父母幫忙完成的。

他對求職也不太積極，直到大學四年級的冬天，都還沒被任何公司錄取。這時候也是父親看不下去，介紹了熟人的公司給他，他才找到工作。

「這下就放心了。」

父親這麼說著，拍了拍浩一的背。

「還可以從家裡通勤，真是太好了。」

母親看起來也很開心。

浩一則心想：「沒有爸媽在的話，我什麼都不會做……」抱著半放棄的心情去工作。然而，他絲毫沒把工作放在心上。雖然在公司當業務，但他總是以「外勤」的名義，去外面打小鋼珠摸魚。

這本來就不是他想做的工作，想當然爾，業績也非常慘澹。雖然主管已經指導過他很多次，但他依然毫無改變工作態度的意願，就連父親的關係也救不了他，最終遭到解僱。

同樣的事情之後也發生了好幾次，最後浩一陷入類似繭居族的狀態，整天都在玩電腦遊戲，打發時間度日。

過了三十歲，浩一在上網時得知了「S」的事情。它打著「強烈快感」、「能夠忘記時間」的口號，在網路上販售，讓想要尋求刺激的浩一提起了興趣。而且，似乎可以透過網購輕鬆弄到手。

浩一購買的半透明粉末很快就寄到家裡了。他照著使用方法上寫的步驟，將粉末倒在紙上，用打火機從下面加熱，吸它冒出來的蒸氣。

那一瞬間，令人毛髮直豎的強烈快感傳遍全身。他覺得身心都充滿活力，完全感受不到疲倦。就算整天待在小鋼珠店，也可以全心投入。浩一完全沉迷於「S」了。

這個「S」就是安非他命。在他的毒癮變嚴重的時候，開始會出現衝出家門到處亂跑等異常行徑，於是遭到民眾報警、檢舉。

浩一的雙親經常來監獄探視他。

「有沒有人欺負你？」

「會不會冷？」

「肚子餓不餓？」

對年過三十的兒子這樣說話的身影，顯得相當詭異。我甚至還曾聽到他們在說：「沒有因為安非他命的使用程度而給予緩刑實在太奇怪了。」

「都是因為我們遇到了恐龍法官。」

解說：何謂過度保護型？

過度保護型的家長給予孩子的照顧與幫助，超過孩子本人所期望的程度。為了避免孩子遭遇失敗，總會早一步確保孩子的安全，為孩子清除障礙，導致孩子無法學會本該在成長過程中學到的**問題解決能力**。

想把孩子置於自己目光所及之處，在自己的庇護、保護之下成長，這樣的想法會導致父母去掌控、監視孩子。即使孩子已經成長到可以自行做判斷的年紀，父母依然繼續幫孩子做判斷，並提供支援。於是孩子變得只會依賴他人，無法**獨立**。

如果父母很看重孩子向自己尋求協助這件事，容易患上**互累症**。親子之間過度依賴彼此，難以從中脫身。

孩子缺乏忍耐的經驗和面對失敗的經驗，因此容易遭受挫折。不會在自己身上尋找失敗的原因，通常會將失敗歸咎於他人或情境。如果因為失敗而遭到責備，不僅會消沉到什麼事都沒辦法做，還有可能對責備自己的人抱有敵意，開始拒絕與人交流。

過度保護型家長會剝奪孩子自我成長的機會

浩一的雙親就是典型的過度保護型家長。不僅會事先幫孩子打點好一切事情，孩子失敗時還會幫他擦屁股。雖然他們說，這是他們疼愛、寶貝孩子的表現，但實在是做得太過火了。

舉例來說，浩一的母親會收拾他到處亂丟的衣服並拿去洗，再幫他摺好放在房間。在孩子還小的時候，這麼做是沒什麼問題。

但是，一般人上了小學，就會學著打理自己。大部分的孩子應該都會「幫忙」收拾要洗的衣物、摺衣服、收納衣服等等。不給孩子學習的機會，到了孩子長大成人還繼續幫他摺衣服，是一種異常狀況。簡直令人想吐槽：「妳是女僕嗎！」

除此之外，她還會每天幫孩子檢查要帶去學校的物品，甚至幫孩子寫作業也是家常便飯。

搬家到遊樂園附近、讓孩子去念可以從幼兒園一路直升到大學的學校，這些事情本身並沒有問題，當然也有它的好處。不過，凡事都如此，不斷預先幫孩子排除困難，就會往異常的方向發展。每件事分開來看，似乎都沒什麼大不了，但是整體已經大幅失衡。

如此一來，孩子會無法培養出解決問題的能力。因為孩子很少遇到問題，活在理所當然一帆風順的世界裡。

浩一遇到不順心的事情時，通常會認為「是支援不足的關係」。睡過頭導致上學遲到時，會認為「是媽媽沒有早點叫自己起床」或「沒有幫自己準備好要帶的東西」，因而感到生氣。將失敗歸咎於他人或環境，不會想到要改變自己。

照理說，擔任校慶執行委員這件事，應該會是一個成長的機會。浩一可以在反覆嘗試的過程中，學會如何構思點子和傾聽大家的意見。有了這些經驗，他肯定能夠建立自信。然而，非常「不想讓孩子吃苦」的雙親卻幫他打點好各種事情，剝奪了他成長的機會。

互累症親子

在過度保護型家長的教養下，孩子難以學會獨立。同時，家長的精神層面也並不獨立。因為**這種父母是在藉由孩子的依賴來滿足自己，並且恐懼孩子不再依賴自己的未來。**

浩一的母親太過疼愛這個得來不易的孩子，於是產生了「希望孩子一直留在自己身邊」的想法。她不希望孩子獨立，離開自己。想要永遠為孩子提供支援，所以總是在期盼孩子發出支援請求。因為留級而必須寫報告、找不到工作，都是「令人開心」的支援請求。她會幹勁十足地想著，自己必須幫孩子做點什麼才行。

當然，當孩子面臨困難的時候，父母提供協助是很正常的。但是，她弄錯了幫忙的方式。提供協助的時候，必須先聽孩子說明來龍去脈，再和孩子一起思考該如何解決問題。

因為父母這個樣子，浩一才無法擺脫依賴的泥沼。親子之間陷入了過度依賴彼此的狀態＝「互累症」。

互累症是指，與特定對象過度彼此依賴，困在這個關係裡的狀況。這種症狀也會發生在戀愛關係或朋友關係中，但是親子關係裡，是父母引導孩子依賴自己的。因為受到孩子依賴，才能證明自己的存在價值，所以父母也依賴著孩子。

自我決定會左右人生的幸福

要是孩子只會聽從父母的話，就無法培養出自我決定力。自我決定力就是自己下判斷、自己做決定的能力。

有調查結果顯示，「**自我決定**」對幸福感的影響比學歷和收入還要大※。也就是說，比起高學歷和高收入，認為自己的人生是由自己選擇並決定的人，幸福度更高。

※ Kazuo Nishimura and Tadashi Yagi, 2019. "Happiness and self-determination – An empirical study in Japan," Review of Behavioral Economics, Vol. 6 (4), pp. 312 - 346

自我決定力不是一時半刻就能培養出來的。如果有人突然叫你自己決定一件很重大的事，你也很難辦到吧。要從小時候開始不斷進行小小的選擇與決定，在建立自信的過程中慢慢培養。

「今天好像很冷，就穿這件外套吧。」

「要在鋼琴發表會上彈的曲子就選這首吧，雖然比較難一點。」

也就是慢慢累積「自己判斷並決定」的經驗。人會對自己決定的事產生責任感，也能從中獲得成就感。

有很多監獄裡的受刑人是缺乏自我決定力的人，不尋求別人的意見就無法下判斷，做不了決定。現實中真的有人到了六、七十歲依然無法自己做決定，這讓我感到相當驚訝。我問對方：「你至今為止都是聽別人的意見做決定的嗎？」他說：「我以前一直都是問老爸的意見，老爸過世後，我就問叔叔或阿姨的意見。」完全沒有要自己做決定的意思。就連出獄後要做什麼，他都沒辦法自己做決定。

如果沒有培養出自我決定力，就會永遠都會是這個樣子。並不是隨著年齡增長，就自然而然能夠靠自己決定事情。讓孩子累積自己選擇、決定的經驗，是很重要的一件事。

直升機父母與冰壺父母

隨時監視孩子、過度干涉的父母就稱為「**直升機父母**」。父母像直升機在空中盤旋一樣，密切關注孩子與周遭的狀況，一旦發現問題，就立刻衝上前幫忙，因而衍生出直升機父母一詞。這個詞語來自美國，進入二〇〇〇年代後，它作為一種社會問題受到廣泛討論。

這個詞本來是在形容對高中以上的孩子過度保護、控管的父母，但現在已經不分年齡，只要是覺得過度保護的情況都可以使用。

當孩子還是嬰兒時，必須隨時注意孩子的狀況，一旦發生什麼事情就要立刻出手幫忙。因為有時候會發生攸關性命的事情，要是一不小心漏看，就有可能釀成大禍，所以不能大意。但是，當孩子成長到一定程度，可以自己做的事情變多了，父母就應該在一旁守望，不要凡事出手干涉。

一般來說，孩子到了小學高年級左右，就會開始產生個人隱私的意識。想要自己偷偷做點什麼的慾望愈發強烈，也會開始想要過獨立、自律的生活。受監視自然會令他們感到壓力。

在我進行過心理分析的非行少年當中，有不少人的家長屬於直升機父母。

例如M，他隨時處於母親的監視之下，完全沒有個人隱私。M在家沒有自己的房間，不管他去哪裡，母親都會跟著他。就算M表示不滿，母親也依然故我。對這名母親來說，她是在避免兒子遭遇危險。要是不知道兒子在哪裡、在做什麼，就會無法放心。

她也會檢查M的交友關係，只要發現他和朋友出現一點點摩擦，就會說：「你最好不要再跟某某人來往。」當M喜歡上同班的女孩子，母親覺得他的課業成績變差時，甚至還向對方父母說：「可不可以叫你們家小孩不要跟我兒子來往？」

想當然爾，M壓抑得受不了，上高中以後便離家出走，加入暴走族。然後在這段期間犯下傷害事件，進了少年鑑別所。

M的母親這樣未雨綢繆，究竟是想要預防什麼問題呢？在這種過度干涉父母的照顧下，必定會發生更嚴重的問題。

這也許是個極端的例子，但我覺得行徑類似的父母還挺多的。重要的是，要隨時反思自己因為疼愛孩子、「為了孩子好」而做的事是否太超過。

另外，還有一個來自丹麥的詞語「**冰壺父母**」。它指的是如同玩冰壺時在冰上刷動冰刷，為石壺開闢道路一樣，總是走在孩子前面，為孩子清除障礙的父母。雖然形象稍有不同，但冰壺父母幾乎等同於直升機父母，是人們開始將剝奪孩子成長機會的過度保護型父母視為問題後衍生出來的說法。

這份幫助究竟是為了誰？

會陷入過度保護的狀況，應該都是因為擔心孩子吧。其根源是那份重視孩子的寶貴心意。這是一件很棒的事，我們不必停止擔心，而是要一邊擔心，一邊在旁邊守護著他。

或許有些人會覺得自己是很愛操心的人，但愛操心也無妨，有些事情只有愛操心的人做得到。能夠預料到可能發生的危險和失敗，事先想好適當的應對方式，這都是愛操心的好處。

如果擔心孩子一個人搭電車上學，就事先與孩子一起確認路線，並討論遇到困難時該如何應對。

如果孩子難以依照計畫完成暑假作業，就問一聲：「你覺得在什麼時候做完哪個部分比較好呢？」與孩子好好談談。

只要積極提供這類的支援就行了。孩子應該也會有對自己感到不安的時候，但一想到父母信任著自己，就會獲得很大的力量。一直監視著孩子，與孩子同進同出，代替孩子解決困難的問題，做這些事情並不是為孩子著想。說白了，這都是為了父母自己，是父母為了緩和自己擔心的心情而做的，為了「我在幫助孩子」這種自我滿足感而做的。

「為了誰」是最重要的。是孩子遇到困難才幫忙？還是覺得陪孩子一起解決問題很麻煩才幫忙呢？要出手幫忙孩子的時候，希望各位都能停下腳步想一想，做這件事是為了誰？不出手幫忙是否有助於孩子的成長？

孩子的發展階段

該怎麼做，才能避免剝奪孩子成長的機會，並透過正確的方式提供協助呢？可以參考著名發展心理學家艾瑞克森（Erik Homburger Erikson）所提出的心理社會發展階段。

艾瑞克森將人類的發展從嬰兒期到老年期，分為八個階段，並提出了每個時期須面對的課題。完成該時期的課題，人就會獲得大幅成長，也能夠獲得在往後人生中不可或缺的素質。反之，如果沒有完成課題，正常發展就會受阻。

日本的文部科學省也根據發展心理學的見解，列出了下面這些孩童發展課題。詳細資訊可以在文科省官方網站上找到，而本書亦會針對其中要點進行介紹（部分經過作者改寫）。

①嬰幼兒期

■此時期的發展

- 透過與照顧者等特定大人之間持續性的連結，形成依附關係，培養出信任感。
- 加深與身邊人、物、環境的連結，拓展感興趣、關心的範圍，發展出社會性。
- 建立用餐、排泄、睡眠等基本生活習慣。

・透過與其他孩子玩耍嬉戲，培養道德性和社會性的基礎。

■此時期應關注的課題

・形成依附關係。

・建立對人基本的信任。

・建立基本生活習慣。

・藉由充分展現自我與他人的接納，獲得自我肯定感。

・充實幼兒與幼兒之間的體驗活動，比如有助於萌生道德性與社會性的遊戲等等。

②學齡期（小學低年級）

■此時期的發展

・透過遵守大人說的話，開始理解並分辨是非善惡。

・提升語言能力和認知能力。

■此時期應關注的課題

・建立「身為一個人不能做的事情」之相關知識與感覺，並形成分辨是非善惡和規範意識的基礎，比如遵守團體或社會規則的態度等等。
・培養出能為自然或美麗的事物感動的心等等。

③學齡期（小學高年級）

■此時期的發展
・能夠在一定程度上客觀看待事物。
・雖然此時期會開始產生自我肯定感，但每個人之間的發展差異相當顯著，因此容易產生自卑感。
・理解團體規則、積極參與團體活動，在遊戲中自行制定規則，並遵守規則。有可能出現封閉性的群體。也就是所謂的gang age。

■此時期應關注的課題
・適應抽象思考以及理解他人的觀點。

・培養自我肯定感。
・培養尊重自己與他人的意識，以及為他人著想的心。
・意識到自己在團體中的職責，培養積極的責任意識。
・透過體驗活動，創造出讓孩子對真實社會感興趣、關心的契機。

④青春期前期（中學）

■此時期的發展

・進入青春期，開始摸索自己的生活方式。
・比起與大人的關係，對朋友關係展現出更大的興趣。
・性意識提高，對異性的關注度提升。

■此時期應關注的課題

・基於一個人的正常生活方式，透過探索自己的個性與適性的經驗來尋找自我，正面面對自身的課題，思考理想的自己應該是什麼樣子。

・作為社會的一份子，培養與他人合作以及獨立生活的能力。
・理解法律和規定的意義，對公共道德有所自覺。

⑤青春期後期（高中）

■此時期的發展

・在父母的監護之下參與並貢獻社會，成為獨當一面的大人的過渡時期。認真摸索該如何在大人的社會中生存。

■此時期應關注的課題

・基於一個人的正常狀態和生活方式，發展自己的個性與適性，並思考自己的生活方式，自主選擇並決定未來發展。
・對他人的善意和支持懷抱感謝，並予以回應。
・意識到自己是社會一份子而採取的行動。

我想各位看了每個時期的發展課題後，應該不難理解，也認同「就是有那種時期」吧。

不過，這些課題絕對稱不上輕鬆容易。我想也有些事情必須得抱著煩惱、痛苦的心情去面對並跨越。正因如此，父母在一旁守護孩子是非常重要的，父母也必須留意別把孩子的課題搶來解決，或剝奪孩子完成任務的機會。

過度保護型的父母會剝奪孩子在團體中完成自己職責的機會，始終不讓孩子自己處理自己的事情、獨立生活。除此之外，有時候還會干涉孩子的交友關係和戀愛，剝奪孩子建立這個時期的必要關係的機會。就算擔心，家長也必須抱著「現在是孩子面對這個課題的時期，我只要在一旁看著他努力就好」的想法，忍住干預的衝動。

另外，這裡列出的特徵和課題只是一個基準，每個孩子的發展狀況會有所不同。無須因為「孩子明明已經上了國中，卻沒什麼朋友，對異性似乎也沒什麼興趣」而感到焦慮，或試圖給予孩子課題，有可能只是孩子還沒進入那個時期而已。即便發展比較緩慢，只要能夠好好面對孩子所處時期的課題，就不會有問題。

我建議大家把這些參考基準放在心上，不過**好好觀察眼前的孩子才是最重要的**。

如何提升挫折容忍力？

克制出手幫忙的衝動也很不容易，需要有足夠的忍耐力。比起在一旁守護，出手幫忙肯定是輕鬆多了。

接下來想和大家談談**挫折容忍力**。

所謂的挫折容忍力，是指當事情發展不如自己預期時，能夠承受這種挫折狀態的能力。它並不是單純的忍耐，其中也包含想辦法去處理這種狀況的能力。這個概念是由德國心理學家羅森茨韋克（Rosenzweig）提出的。

挫折容忍力培養得如何，會對一個人帶來很大的影響。

要是一個人的挫折容忍力太低，遇到不如預期的事情時，就會沒辦法好好處理，容易變得具有攻擊性，或是採取逃避的行動，而這有可能演變成失當行為或犯罪。

前面案例提到的浩一，就是沒有充分培養出挫折容忍力的例子。因為父母總是早一步做好準備，滿足他的慾望，就算遇到不如自己預期的事情，父母也會想辦法處理，所以浩一沒有機會累積克制自己的慾望、好好面對挫折的經驗。

我想大多數的人在小時候，都有過面對大小困難，要想辦法解決的經驗，例如不想去上學或上才藝班，或是得不到自己想要的東西，只好忍耐，又或許是考試分數出乎意料地差，不知道怎麼拿給爸媽看……等等，其實這些都是非常重要的經驗。

人生不會永遠一帆風順。尤其是出了社會後，在與各式各樣的人相處的過程中，有時候總得妥協或忍耐。

舉例來說，當你陷入「在工作上拿不出好表現」、「現在的工作不是自己想做的」這種挫折狀態時，會如何解決呢？浩一就是因為沒辦法好好應對這些挫折而遭到解僱，之後又反覆發生好幾次同樣的事情，最後他成了繭居族。如果是挫折容忍力高的人，應該能夠想出「再努力堅持一下」或「去找自己真正想做的工作，從頭再出發」這類健全的應對方法吧。

從小開始累積小小的忍耐，以及應對挫折的經驗，就可以提升挫折容忍力。

一般認為，**過度保護型父母本身的挫折容忍力就很低。**必須要克制出手幫忙的慾望，並好好應對這種挫折才行。這也是一種訓練。慢慢累積忍耐與在一旁守望的經驗，父母自己的挫折容忍力也會得到提升。

他罰傾向的孩子與自罰傾向的父母

「我會被開除，都是爸爸的錯，是他介紹了不適合的工作給我。」

「都是只會拿安非他命大作文章的社會的錯。」

他罰思考已經根植於浩一心中，要他從自己身上尋找失敗的原因是很困難的。

所謂的他罰傾向，就是當發生問題時，會認為「是父母的錯、是學校的錯、是社會的錯」，將責任歸咎於自己以外的人事物的傾向。在過度保護型父母的照顧下，從小就認為有人幫忙是理所當然的孩子，很容易陷入他罰思考。事情發展不順利的時候，他會覺得是支援不足的關係。

相對於此，將失敗或問題的原因歸咎於自己的想法，稱為自罰思考。

基本上，能夠將失敗的原因歸咎於自己的人，比較容易成長為一個成熟的人。因為我們能夠改變的只有自己，無法改變他人。

業績不佳的時候，要是一心想著「都是因為商品不好才賣不出去」、「因為客人腦袋不好才無法理解」，根本沒辦法改善情況。應該想的是「我沒有說明清楚這部分，所以客人無法理解」或「因為我沒有好好傾聽客人說話，所以客人不信任我」等等，只要找到自己做不好的地方，就能夠著手進行改善。

不過，自罰思考一旦過度，也會造成問題。有些事情是沒辦法光靠自己一個人解決的。我們不需要去扛別人的責任，思考時必須劃清界線。

在我至今為止見過的**過度保護型父母之中，很多人都具有過度的自罰傾向。**當孩子遇到困難時，他們會認為都是自己的錯，是自己沒有為孩子提供幫助，是自己沒能實現孩子的願望。為了孩子做這個、做那個，卻依然抱有罪惡感。要是沒有幫孩子打點好一切，內心就會覺得過意不去，因此沒辦法要求孩子「自己做」。

「這是孩子的作業，不是您的作業吧？」

我對非行少年的父母說過好幾次這句話。

「可是，我不幫他做，作業就沒辦法完成……所以沒辦法完成是我的問題……」

這可說是受到不必要的罪惡感支配，無法正確認知問題所在的狀況。

過度的自罰傾向，是不會給孩子帶來正面影響的。

浩一的雙親前來探視兒子的時候，甚至會說出「我們遇到恐龍法官」這種話，這是屬於他罰傾向的舉動。不過在具有過度自罰傾向的家長照顧下，孩子也會發展成他罰傾向。

如何與凡事都怪別人的孩子相處？

小孩子把失敗或問題歸咎於他人，是常有的事。

舉例來說，明明告訴過孩子不可以在停車場玩球，孩子卻自己跑去玩，結果砸到了鄰居的車。

當家長罵道：「不是跟你說過不可以在停車場玩嗎！」

孩子卻回：「是A說要去的。」「我明明是往這個方向丟，是B把球踢到車子那裡的。」

遇到這種情況，就算劈頭痛罵孩子「不要怪別人」或「不要找藉口」，也無法解決問題。孩子會因為「爸媽不聽我解釋」而感到不滿，堅持認為不是自己的錯，或只是表面上裝出反省的樣子而已。

很多非行少年都相當擅長假裝反省。他們從小就經常被罵，所以認為先道歉就能讓事態平息。他們會一邊乖巧地說「對不起，我下次不會了」，一邊在內心吐舌頭。

結果，同樣的事情還是不斷發生，因為他們根本沒有深入地內省。

反省與內省不一樣。內省是指，面對自己的內心，反思自己說過的話以及想法，進行客觀的分析。目的是認識自己。

為了認識自己，必須要好好面對自己的內心。大喊「不對！不是我的錯！」的時候，是沒辦法面對自己內心的。

「原來是A說要去的啊。」

「你覺得如果往這個方向丟就沒問題，對嗎？」

請先將藉口照單全收，接受孩子的說法。只要家長願意傾聽，孩子就會感到安心。接著，他就會在慢慢把事情全盤托出的過程中，自己察覺不對的地方。

「他邀我去的時候，我有想說好像不太好。但是往停車場的牆壁丟球之後，發現很好玩……我不知道該在什麼時候跟他說，該停手了……」

經過這樣的內省後，孩子應該就會想「下次對方再約的話，就跟他說公園有很適合的牆壁，我們去那邊玩」，得出改善的方法了吧。

門檻降低的毒品犯罪

浩一透過網路，輕輕鬆鬆就買到安非他命。接下來，我會以專家的立場，談談毒品犯罪的現況。

在以前，安非他命之類的毒品是沒辦法輕鬆弄到手的，必須透過販賣毒品的黑道才能買到。可是，當時十幾歲的年輕人流行吸食香蕉水，因為香蕉水是用來稀釋塗料的有機溶劑，市面上有販售，很容易買到。

當時隨處都可以見到把香蕉水裝入塑膠袋，將嘴巴抵在袋口吸食的少年。這就是俗稱的「煉丹」。少年們只是用玩遊戲的心態輕易接觸，但這卻會造成腦部萎縮、身體功能障礙等各式各樣的問題。

新聞也報導因為吸食香蕉水而造成的意外事故、中毒身亡、自殺等事件，吸食香蕉水儼然成了社會問題。

後來，毒品及有害物質取締法修法，加強管制，吸食香蕉水的人雖然減少了，但透過外國人獲取安非他命等毒品的管道增加，取得難度稍微降低了一些。

而現在甚至可以在網路上買到。不想與看起來很可怕的毒販接觸的人，現在只要面對電腦即可，輕鬆無負擔。毒販會將毒品裝進普通的信封袋，利用郵局或宅配寄送給買家。在這樣的環境下，過著普通生活的人也很容易接觸到毒品。

大部分的毒品都是用黑話進行販售的，乍看之下不會發現是毒品。

毒品黑話的例子

安非他命→「S」、「speed」、「安公子」、「冰糖」、「冰塊」、「鹽」

大麻→「飯」、「草」

古柯鹼→「C」、「Coke」、「Snow」、「Charlie」

圖4　違反大麻取締法的檢舉數變遷

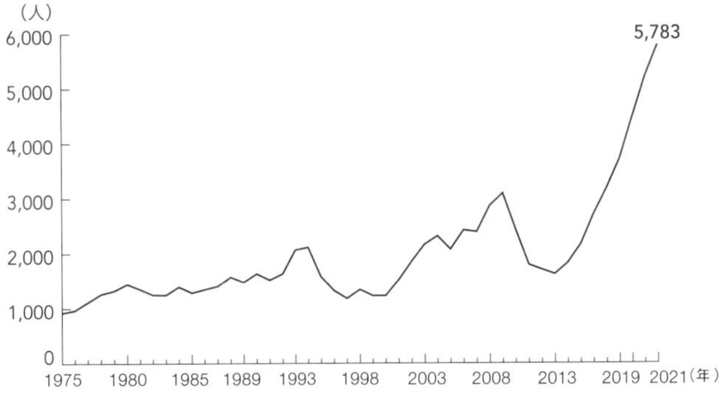

出處：2022年版犯罪白皮書（法務省）

此外，有些毒品會作為薰香販售，其中甚至有摻入興奮劑成分的類型。

近年來使用量增加最多的就是大麻。

觀察檢舉數的變遷，就可以知道違反大麻取締法的案件數量正在增加（圖4）。

大麻在有些國家是合法的，很容易弄到手。另一方面，由於大麻容易引導人們去濫用危險性更高的毒品，所以被稱為「**入門毒品**」。

或許有些人覺得「只嘗試一次還

好」，但只要嘗試了一次，嚴重的危險就會在前方等著你。

販售違法藥物的人想要賣出商品，所以會用各式各樣的花言巧語哄騙顧客。

「先試一次看看嘛，試過覺得不行就不要。」

「這沒有喝酒抽菸傷身啦。」

還有人會說「安非他命只要不用超過一百次就沒問題，大麻只要不用超過一百次就沒問題」，講得跟真的一樣。但是，這絕非事實，我看過太多只碰了一次毒品就精神失常的人。

變成非人生物的恐怖情況

因為服用安非他命而進入少年鑑別所的中學二年級K同學瘦得只剩皮包骨，體重只有二十幾公斤，但是他仍可以用極大的力氣發狂大鬧，力氣大到連三個大男人來都難以壓制。按不住就是按不住，最後他用力以頭撞牆，下場不是受重傷就是死亡。

吸毒就是會錯亂到這種地步，大家不覺得很可怕嗎？

被關進少年院或監獄中，就沒辦法再碰毒品了，情況應該會有所好轉吧？沒有這回事。吸毒者有時候會出現**再發現象（Flash-back）**，也就是沒有服用毒品也會產生幻覺或幻想的症狀。即便已經戒毒好幾年，症狀還是會出現。發作的時候，人會陷入混亂狀態，發出怪聲、發狂大鬧。

大多數普通人都沒見過這種情況。大家應該在報章雜誌或電視上看過一度染上毒癮，在康復之後復出的藝人吧？雖然他們是想利用康復的藝人來告訴大眾「毒品很可怕」這件事，但老實說，我覺得目的完全沒有達到。大家是不是反而認為「原來只要努力就可以康復」呢？

其實，康復到能夠出現在媒體面前的人少之又少，大部分的人都沒救了，就像是變成了**某種不是人類的生物**，他們會失去理智，若無其事地食用自己的排泄物。惡化到這種地步，就沒辦法再變回正常人了，因為腦細胞已經壞死，只能就這樣在監獄中迎接死亡。

濫用毒品的悲慘下場，大概只有監獄職員才看得到，我認為大家都沒有意識到毒品到底有多可怕。

就毒品這方面來說，「更生」是極為困難的。

藥物濫用並不是「沒有被害人的犯罪」

有人說「藥物濫用是沒有被害人的犯罪」。這種說法的主張是，無論是竊盜，還是傷害事件，所有的犯罪都存在被害人，但是藥物濫用只會害到自己，沒有被害人。

我面談過的罪犯、非行少年之中，也有不少人認為「又沒有被害人，沒什麼關係吧？這又不像其他犯罪，不會給其他人造成困擾。」

不，這就錯了。

在大部分的情況下，吸毒者身邊的家人就是被害人。對家人而言，看著吸毒者逐漸失去理智的樣子，該有多麼痛苦啊。想辦法讓當事人戒毒，也需要消耗龐大的精神能量。

並不是沒有被發現就沒事。若是你向家人索取購買毒品的金錢，或是不買家庭生活的必需品，而把錢花在毒品上，也確實會造成家人受害。

除此之外，要是遭到逮捕，你的家人通常也會被他人視為「毒品犯罪者的家人」，用帶有偏見的眼光看待，權益受損。

因毒品而產生的幻覺、精神異常，也有可能對他人造成危害。就算你沒有這個意圖，還是會闖禍。可能是因為擅闖馬路而造成交通事故，或在餐廳發出怪聲、失禁，形成妨礙營業。

不僅如此，透過買賣違法藥物獲得的利益，還會成為反社會勢力的資金來源，可以說是間接創造出了被害人。

「逃避現實型」和「追求快樂型」的藥物成癮者

像浩一這種容易染上毒癮的人，大致可以分為**「逃避現實型」和「追求快樂型」**兩種。

為了忘掉討厭的事情而去接觸毒品的人屬於「逃避現實型」。他們不願去面對和處理壓力的成因，只想早點獲得解脫。而這種人大多會吸食大麻。大麻是「鎮靜劑」毒品的代表，會使人陷入像喝醉酒般昏昏沉沉的狀態。

另一方面，安非他命則屬於「興奮劑」，具有強烈的刺激性，會使人亢奮，也就是進入「high」的狀態，並產生可以好幾天不睡覺、持續活動的錯覺。也有些人是為了忘記現實而尋求刺激強烈的安非他命，不過「追求快樂型」的人會比較容易對安非他命成癮。

追求快樂型的吸毒者會不斷地追求強烈的刺激和快感，當現有的刺激無法令他們感到滿足時，他們就會尋求更強效的毒品，吸毒期間容易拖得很長。

為了追求刺激感而不斷行竊，也是追求快樂型的犯罪。一開始只是偷一個小東西，接著逐漸大膽起來，開始大量偷竊，在團體中爭相比較偷竊的成果，增強刺激。

前面案例中的浩一就屬於追求快樂型。他在沒什麼值得努力的事情、自甘墮落的生活中，追求立即性的刺激。

我問他為什麼要去碰安非他命，他的回答是「因為平常的生活太無聊」。會造成這種情況，是因為他沒機會發展自己的興趣。在父母總是先幫他打點好一切的環境下，他從沒想過自己真正喜歡的事物是什麼、做哪些事情會感到開心。

無論是誰，都具有追求刺激的慾望。這在心理學上稱為「**刺激尋求（sensation seeking）**」。因為有這種心理，我們才會去挑戰新事物，豐富人生。然而，如果去壓抑一個人的興趣，不給予其發展的機會，這種心理狀態就會往不好的方向發展，濫用安非他命就是其中一個例子。

為了讓孩子專心讀書或出於安全考量，什麼事都不讓孩子去做，其實並不是一件好事。

他罰思考與毒品犯罪的適配性很高

無論是「逃避現實型」還是「追求快樂型」，具有他罰思考傾向的人比較容易去接觸毒品。因為對現況感到不滿的時候，他們會歸咎於他人或社會，不認為「能夠靠自己解決」。既然無法改變現實，就只能逃避了。會想要尋求簡單的刺激，也是因為他們不覺得能夠靠自己把人生變得有意思。

如同我先前說的，用極端過度保護的方式養育孩子，孩子很容易形成他罰思考。最後，孩子有可能會因為某個微不足道的小小契機去接觸毒品。那麼，身為父母的我們該怎麼做才好？

監視孩子，避免他上奇怪的網站？

觀察並調整孩子的交友關係，避免他和壞朋友混在一起？

不是這樣的。我們不可能永遠監視、保護著孩子。

重要的是，就算得多走點冤枉路，也要讓孩子學會自己自己解決問題。會感到擔心是當然的，我們只能放下自己的情緒。家長必須在一旁守望著孩子，直到他確實完成每個時期該面對的課題。如果孩子因為遭遇困難而感到煩惱，請傾聽他的煩惱就好，不要直接代替他做。

第2章

無法自主思考並行動的孩子

——高壓型容易遭遇的危險

智也的案例

罪狀 **詐騙（電信詐騙）**

謊稱自己是郵局人員，造訪被害人的家，透過收取現金袋並放進投幣式置物櫃來賺取收入。

自從智也考上東京的大學，開始一個人住之後，便開始盡情享受自由的生活。

其實，他現在已經從大學休學，過著以打工為主的日子。雖然父母有提供生活費，但是完全不夠用，因為他把錢都花在小鋼珠上了。

開始打小鋼珠的契機，是因為電子遊樂場裡面的小鋼珠實在太好玩了。他以前一直被禁止去電子遊樂場，自從開始一個人住之後，就一心想趕快體驗看看。後來，他克制不住去小鋼珠店玩的衝動，於是就這麼踏進去了。

沒想到，智也靠著新手運大贏了一把，將原本的一千日圓變成了五萬日圓。

他發現小鋼珠不只好玩，竟然還能賺錢！

智也覺得這簡直是夢幻遊戲，便從此栽了進去。

很快地，之前賺到的五萬日圓轉眼間就消失了，他心想「我一定要贏回來」，於是把父母給的生活費和打工的薪水全都砸在小鋼珠上，從此陷入惡性循環。

雙親完全沒想到智也過著這樣的生活，還相信他在大學努力讀書。

智也的父親從以前就懷抱著一個心願，就是「希望智也能夠畢業於好大學，進入大企業工作，在世界各地大展身手」。

那是父親自己沒能實現的夢想。

父親當年非常想讀大學，但是因為家庭經濟的關係而沒能如願，高中

智也的案例

畢業後就去當了地方公務員，現在的職位是小組長。以立場來看，大學畢業的職員比較容易升官，因此父親一直認為「要是有大學學歷就好了」，感到相當自卑。

他不希望自己的大兒子智也遭受與自己相同的痛苦。

總之，要讓智也上好大學，進好公司工作，在智也父親心裡，認為這都是為了智也好。

無論是什麼事情，父親都會對智也下指示。

從小學開始就要求：

「為了健康著想，要多吃青菜。」

「運動也是必要的，給我去踢足球。」

上了中學後，父親也處處干涉、管控他的生活。

「不是不能打遊戲，但要玩對學習有幫助的遊戲。」

「要確實遵守門禁。」

「穿這件衣服。」

除此之外，他更熱衷於下達關於讀書的指示。

「要比別人加倍認真。」

「差不多該收收心，專注準備考試了。」

父親平常就是用這種命令語氣進行指導。

父親也很在乎外界的眼光。要是智也做了什麼引人注目的事，他就會說「想想社會上的人會怎麼看你」。智也小學的時候和朋友吵架，父親特別嚴厲地訓斥他，智也表示「不是我，是對方先開始的」，父親卻無視他說的話，去向對方的家長道歉。

母親也贊成這樣的教養方針。

由於母親從小就被灌輸「結婚對象最好是公務員」，所以非常尊敬身為公務員的丈夫，也認為家裡各式各樣的決策和教育方針都聽從丈夫的意見，是正確的選擇。

她對丈夫言聽計從，經常擔任監視者的角色，依照指示斥責智也。這樣的雙親讓智也過得相當壓抑，看著妹妹們，又令他感到更加不滿。因為雙親明顯只對智也嚴厲，對妹妹們都很縱容。

舉例來說，當智也表示想要一支手機的時候，父親遲遲不答應，最後還被要求寫下類似切結書的東西，但妹妹卻簡簡單單就得到了手機。

「為什麼只有我得遭受這種待遇？」

智也雖然感到非常不滿，但「我是為你好」這句話重重壓在他的心頭上，讓他始終無法反抗。對於受到父母期待這件事，說不開心是騙人的。雖然父母很囉唆，但照著他們說的做，也確實不會出什麼大問題。智也身體健康、精力充沛，足球踢得不錯，成績也很好。

直到中學二年級，智也才和父母起了衝突。

有一天，他忘了帶上課要用的東西，坐在隔壁的真奈便默默地把東西借給他。

「剛才謝謝妳。」

智也一臉歉疚地向真奈道謝，而真奈微笑著回道：「不用謝，有什麼困難再跟我說喔。」之後她也經常注意到智也遇到的困難，並給予幫助。

智也覺得真奈簡直就像天使。

「下週大家要一起去商場玩，智也也會來吧？聽說那裡有電子遊樂場和KTV。」

真奈的邀約讓他感到很開心，但父親是不可能允許自己去的。

回家之後，他用手機傳訊息給真奈說：「抱歉，我爸媽很煩，一直叫我去讀書，我可能沒辦法和你們一起去了。」

「是喔，妳爸媽好嚴格喔。」

真奈沒有否定他，還願意聽他說話。

從此之後，智也每天都會和真奈傳訊息聊天。對於暗戀真奈的智也來說，這是一段短暫的幸福時光。

然而，有一天父親突然說：「不要再跟真奈來往了。」

「咦……？」

智也瞬間說不出話。

「有空做那種事情，不如多花點時間在讀書上。你最近成績退步了吧。聽懂了嗎？」

父親連珠炮似地說完這一串話，便轉身離開。

為什麼父親會知道真奈的事？

智也從來沒和父母提過自己心上人的事，學校裡也沒什麼人知道他和真奈的關係，該不會是他們偷看了手機吧？

智也氣地發抖。他走進雙親所在的房間，大聲吼道：

「你們是不是擅自偷看了我的手機！就算是父母，也不可以做這種事情吧！」

母親承認自己檢查過智也的手機。光是監視他有沒有上可疑或危險的網站還不夠，也會去確認他都和哪些朋友聊天、聊了什麼內容。

父親一笑置之。

「我們都是為了你好才這麼做的。這難道不是父母應有的權利嗎？」

智也感到絕望無比。對他們兩個說什麼都是沒用的。

他與真奈的關係也變得尷尬，最後自然而然地淡掉了。

智也表面上順從父親，同時在心中立下要離開家的目標。只要考進東京的大學，就可以獲得自由了。他一點也不在乎讀書，也沒有特別想做什麼。既然要做，就做一些以前被禁止的事情吧。於是，他就在獨居生活中迷上小鋼珠了。

有一次，他在小鋼珠店遇到一名與他年紀差不多的男子小武，小武對他說：

「我介紹你一個很簡單又可以賺錢的打工。」

小武說他和智也一樣，曾經把全部的錢都花在小鋼珠上，過著經濟拮据的生活，是這份高收入的打工拯救了他。據說只要透過網路接收指令，並依照指令行動，一次就可以賺進十萬日圓。而且，工作內容只是向指定地址的居民收取紙袋，再將紙袋放進投幣式置物櫃而已，非常簡單。

小武給他看了暗網，嘿嘿嘿地賊笑。

這……應該不太好吧？

智也嗅到了犯罪的氣息。

但是，他決定假裝自己什麼都不知道、什麼都沒發現。萬一出了什麼事，只要說「他們沒向我說明」、「我什麼都不知道」就好了。這麼一想，他就不再猶豫了。這麼好康的事情，怎麼能放過呢？於是他反覆犯下好幾次罪行。

在開始這份打工大約三個月後，警察找上門來，逮捕了他。智也就這樣進了少年鑑別所。

前來探視的雙親氣得七竅生煙，又很難過。

「明明從小就對你耳提面命，什麼事情不可以做，你到底都學到了些什麼！」

「我不記得有把你教成這樣！」

他們兩人繼續斥責智也。

解說：何謂高壓型？

高壓型的父母會用掌控的態度面對孩子，要求孩子照父母說的做。用某種東西束縛住孩子，連微不足道的小事都要干涉。如果孩子不順從，通常會予以懲罰，其中一個例子就是煽動孩子的恐懼，讓他覺得「如果不〇〇，就會發生很嚴重的事」。

很多這種類型的父母，對於學歷、工作單位等與社會評價有關的部分，干涉力道都特別強。因為他們很在乎外界的眼光。此外，父母也會將自己的自卑之處投射在孩子身上，想利用孩子彌補自己的缺憾。

孩子隨時都要觀察父母的臉色，無法養成主動、積極做事的意志。遭遇失敗的時候會認為「這本來就不是我自己決定的」，因此形成他罰傾向。深深覺得自己的存在沒有得到認可，**自我肯定感**低落也是這類孩子的特徵。

單方面下命令，無視孩子的感受

智也的父親是典型的高壓型家長。命令孩子「去做什麼」和禁止孩子「不准做什麼」的說話方式，就是高壓型的象徵。而非常單方面這一點正是問題所在。父親完全不考量智也本人的希望，只基於自己的價值觀做選擇。

「為了身體健康，要多吃蔬菜」這種話，我想大部分的父母都會說，但是直接指定孩子「去踢足球」、「穿這件衣服」就有點不對勁了。這是將父母的喜好強加於孩子，無視孩子的感受。

智也當然對此感到不滿。但是，只要父母一說「這都是為了你好」，他就沒辦法反抗。因為他知道，父母對身為長子的自己寄予厚望，希望他考上好大學、進入好公司工作。

對於受到期待這件事本身，他是感到開心的。雖然心懷不滿，但還是一直聽父母的話，當個「乖孩子」。

中學二年級的時候，他第一次對雙親生氣，說出自己的不滿，而雙親在這時候就該意識到問題了。

這是智也所發出的、簡單明瞭的SOS訊號。如果此時能好好傾聽智也說話，修正育兒方針的話，肯定能夠降低將來出大事的風險。即便多少存在一些問題，好好處理的話應該也可以順利解決。

然而，雙親完全聽不進智也的意見，讓智也感到失望，完全失去了對父母的信任。智也表面上聽從父母的話，其實目的只是為了離開家裡，獲得自由。

我在少年鑑別所和智也面談時，他用激烈的言詞表達了對雙親的憤怒：「他們用卑鄙的方法否定了我和真奈的關係，根本是兩個大爛人」。由此可知，這件事當時帶給他相當大的衝擊。他對雙親抱有近似敵意的感情，我覺得屬於親子關係難以修復的案例。

教育與精神控制只有一線之隔

智也選擇逃離高壓的父母。

但是，有些人是沒辦法逃離的。只能在極度高壓的父母掌控下，遭受精神上的拘束，依照父母的意思行動。

例如，出門或買東西等一切事情都必須得到父母的許可，行動受到限制。父母的話是絕對的，孩子不能頂嘴。若是孩子試圖逃離掌控，就會遭到懲罰。

在這樣的掌控之下，孩子就會開始隨時隨地觀察父母的臉色，沒辦法依循自己的意志積極行動，就算有想做的事，也會先思考「不知道父母是怎麼想的」。接著，孩子就會漸漸地不再自主思考，完全依照掌控者的意思行動。到了這種地步，他甚至不會想到「逃跑」這件事。

這正是「精神控制」。

大家應該有在這幾年的統一教會相關新聞中聽過精神控制這種手法，不過在日本，精神控制最早是因為奧姆真理教而出名的。奧姆真理教之所以能吸引許多被稱為天才、才子的年輕人入教，並接連引發「地下鐵沙林毒氣事件」以及其他窮凶惡極的事件，背後原因就是精神控制。

用正常的思維來看會很難理解，心想「為什麼那麼聰明的人會做出如此異常的行為？」或「他們難道不覺得奇怪嗎？」，但是受到掌控的人，是會完全依照掌控者的意思行動的。

當時我任職於東京拘置所，因此對許多奧姆真理教相關人士進行過心理分析。他們的說法是「如果不這麼做，就會發生很糟糕的事」、「如果逃離這裡，就會發生很恐怖的事」，這讓我實際感受到，長期以來受到反覆洗腦的他們，要擺脫控制是一件多麼困難的事。

二〇一六年發生了一起事件，一名千葉大學的男學生把一名女中學生監禁在自己的住處長達兩年（朝霞少女監禁事件）。

當媒體報導這起事件的時候，「為什麼這兩年她都沒辦法逃出來？」成了眾人熱議的話題。因為男子的住處並沒有大門深鎖，讓她無法外出，而且前方就是千葉大學，應該是個有辦法向外求援的環境。女學生甚至曾經一個人出門買東西過。

「女學生當時為什麼沒有逃跑呢？」

當時我被邀請上節目，被問了無數次這個問題。

這種彷彿在怪罪被害人當時為何不逃跑的論調，令我深感困擾。

該名女學生是精神上受到了拘束，所以才沒辦法逃跑。這種事情其實一點也不足為奇。

順帶一提，監禁她的大學生曾說過「自己認為最厲害的人是麻原彰晃」，而且也學過精神控制。他應該是在初期先讓女學生心生恐懼，進行洗腦，讓她覺得逃跑會有嚴重的下場，從精神層面拘束了她。

就算沒有遭到物理上的拘束，**要擺脫精神拘束也是非常困難的**。

精神控制可能發生在任何地方

大家通常都覺得，精神控制是邪教團體在使用的手法，但就算是沒有學過這門技術的人，也可以做到精神控制。只要擺出高壓的態度，下達命令、給予懲罰，讓對方心生恐懼即可。其中若是摻雜一些謊言，效果會更強。在家庭中也非常有可能發生精神控制。

二〇二〇年也發生了一起事件，一名母親受到孩子同學的媽媽精神控制，餓死了自己五歲的孩子（福岡五歲兒童餓死事件）。

用正常的思維來看這件事，應該會感到很疑惑：「就算是孩子同學的媽媽指使的，這名母親為什麼能夠不給自己的孩子吃飯，讓他餓死呢？」

這名同學媽媽向母親謊稱「妳老公外遇」、「其他媽媽都在說妳的壞話」，讓她陷入孤立，再假裝陪她一起解決煩惱並掌控她。待母親離婚後，同學媽媽便說：「孩子太胖的話會拿不到贍養費和撫恤金。」要她用極端的方式管控孩子的飲食。在精神控制之下，該名母親只能依照掌控者所說的去做。

在這起事件中，餓死孩子的母親被判處保護責任者遺棄致死罪（有期徒刑五年），而要是沒有受到另一名媽媽的「控制」，這起事件就不會發生，因此身為掌控者的同學媽媽確定被判處十五年有期徒刑。

這名掌控者應該沒有特別去學習精神控制的知識。但是，她卻藉由孤立和威脅目標對象，成功控制了對方。即便不是這麼極端的案例，精神控制也有可能發生在學校、公司等各種地方。

只要走錯一步，高壓型的育兒方式也有可能變成精神控制。

「要是不聽話，就把你最寶貝的東西丟掉。」

「如果沒有考出好成績，就禁止你玩遊戲。」

像這樣藉由製造恐懼，讓對方依照自己的意思行動或許很輕鬆，但是將來某一天一定會出問題。

把孩子的心逼到絕境的「教育虐待」

「**教育虐待**」和高壓型育兒方式有著緊密的關係。

教育虐待是指，父母在孩子身上加諸超過其實力的期待，要求孩子讀書，要是成績不佳，就以怒罵、暴力或不給予食物等方式對待孩子。口口聲聲說著「為了孩子好」，卻把孩子漸漸逼到絕境。近年來，隨著報考私立中學的熱潮升溫，教育虐待也成為大家關注的話題。被逼到絕境的孩子有時候會以失當行為、犯罪的方式，發出SOS訊號。

二〇一八年，發生了一起母親長期對女兒施以激烈的教育虐待、要求女兒「一定要念醫大，當醫生」，最後遭女兒殺害的事件（滋賀醫科大學生母親殺害事件）。這名母親為了讓女兒考上醫大，不斷強迫她重考，期間長達九年，由此可看出這名母親的異常執著。

女兒從小學開始成績就很優秀。從女兒還小的時候，母親就一直非常希望她長大能當醫生，用高壓的態度對待她。若是成績沒有達到母親的期望，母親就會毆打女兒或痛罵她「白癡」。

到了考大學的時期，情況變得更加嚴重。重考期間母親沒收女兒的手機，為了不讓女兒獲得自由時間，連洗澡也要陪同，進行徹底的監視。後來，她發現女兒偷偷藏了另一隻手機，於是要求女兒下跪道歉。最後，女兒認為自己只剩下殺死母親一途。

女兒用刀殺害睡著的母親之後，在推特上發文說：「我打倒了怪物，終於可以安心了。」接下來，她將遺體肢解，丟棄在河邊。做到這種程度的異常情況透過媒體報導，受到大量的關注，教育虐待也成了眾人熱議的話題。

雖然非常極端，但這就是教育虐待把孩子逼到犯下重大罪行的案例。

利用孩子來彌補自卑感的父母

為什麼會將這種沉重到令人窒息的過度期待、過度要求，強加於孩子身上呢？**隱藏在其中的是父母的自卑感。**在滋賀醫科大學生母親殺害事件中，普遍亦認為母親對自己畢業於高工的學歷感到自卑。為了彌補這份自卑感，才會對孩子抱有過度的期待，要是孩子無法回應期待，就予以處罰。

前面案例提到的智也父親也是如此。他將自己沒能上大學而產生的自卑感投射在孩子身上，不斷給孩子施壓，要他「用功讀書」。因為他已經被用功讀書、就讀好大學、進入好公司很重要的價值觀綁住了。他誤以為基於這個價值觀下達命令是為了孩子好，因此沒有察覺智也發出的SOS訊號。

以智也的情況來說，他最後也順利考上了大學，在這個階段，問題還沒浮上檯面。但要是他考試失利，也有可能爆發激烈的衝突。智也雖然沒有攻擊雙親，但也對他們抱有敵意。

由此可知，應該是這種心理狀態，讓他們打開了通往失當行為的大門。

將過度的期待和要求強加在孩子身上，將來某一天一定會出狀況。因為孩子是沒辦法回應這些期待和要求的。他們也許會拚命掩飾，讓表面看起來一切順利，但是某天也會面臨極限。

我在與非行少年面談的時候，經常聽到「沒辦法達到父母的期待」這句話。他們因為背負著父母過度的期待而痛苦不已，做出失當行為之後，依然在責怪「無法達到期待的自己」，並為此感到痛苦。

我告訴這些少年，想要回應期待的心意值得讚賞，但是做不到也沒有關係。

說白了，孩子根本沒必要依照父母的期待生活。

我想，父母都會對孩子抱有期待，而孩子也會想要回應這份期待。這沒有關係，但如果孩子無法回應期待就遭到父母拒絕，就不太正常了。父母要肯定孩子自己的人生才行。

此外，藏考卷、竄改分數、謊稱自己成績好，都是父母在讀書方面對孩子過度期待時，孩子發出的ＳＯＳ訊號。若是發現孩子做出這些行為，不要不由分說地開罵，而是要去了解他這麼做的原因。家長必須**反思自己是否對孩子強加了過度的期待，並傾聽孩子的說法**。

斯巴達式教育是「愛的教鞭」？

用高壓方式教育孩子的父母，大多都抱有某種強烈的自卑感。學歷是最簡單明瞭的，不過運動和藝術也一樣。父母將自己沒能實現的夢想託付給孩子，進行斯巴達式教育。

「在你學會這個部分之前，都不准吃飯。」

「如果連這個都做不到，那就別學了！不學的話，我以後也不會再教你了。」

把孩子逼到別無選擇，只能聽話照做。做不到的時候，就劈頭痛罵或拳腳相向，這完全就是虐待。

或許有些人會說，這是為了孩子好才刻意嚴厲指導的「愛的教鞭」。但是，「愛的教鞭」只有在雙方具有信賴關係的時候才能發揮作用。當你打從心底尊敬的人對你說了嚴厲的話，你可能會覺得非常感激，對吧？孩子其實能夠看出來，對方是不是真的在為自己著想。

「我這麼說是為了你好。」

這是一句很多父母都會說的話。當你想說這句話的時候，請先反思一下，這是不是事實。如果未經深思、三天兩頭就說這句話，**孩子心裡肯定會想「騙人，你只是為了自己吧」**。事實上，「我是為了你好」、「只要有愛就沒關係」是虐兒父母經常掛在嘴邊的話。

如果是真心為孩子著想，**與其用過度嚴厲的態度對待孩子，想一些方法幫助孩子學會那件事，效果應該會更好才對**。

要求孩子去做他做不到的事，導致孩子自我肯定感低落，一點意義也沒有。再說，不管有什麼目的，都不可以用肢體暴力或言語暴力傷害孩子。

如何將自卑感轉化為正向能量？

站在孩子的立場想，被迫肩負彌補父母自卑感的任務，如果做不到就被否定，是非常痛苦的。追根究柢，就是因為父母自己做不到，才會產生自卑感。然而父母卻對孩子說「做不到就是廢物」，這不是很弔詭嗎？我很想說，如果要消除這份自卑感，請自己想辦法處理。

但是，自卑感是沒辦法輕易消除的。那該怎麼辦才好呢？

據說，有一名搞笑藝人小時候非常自卑，因為他家境貧困。雙親沒有謀生能力，連教科書和文具都買不起。其中最令他感到自卑的，是自己破舊的家。屋頂到處都是破洞，下雨天會漏水。因為不想讓朋友看到自己的家，所以放學的時候他都和朋友分開走。

然而，上高中後他就改變了。據說他交到價值觀多元的朋友後，反而對自己以前躲躲藏藏的行徑感到羞恥。

不要再隱藏了，展現出真實的自己，然後逗大家開心吧。抱持這個想法的他進入國立大學就讀，同時也開始學習搞笑。大學畢業後，他便成了當紅搞笑藝人。他總是一臉開朗，看不出他以前曾經如此自卑。

在這個故事中，我希望大家特別留意的部分，是他接納真實自我的過程。他認為「我對貧窮感到羞恥，不過，就算我是這種人也沒關係」，所以才能轉變成樂觀積極的態度。

如果無法承認這份自卑感，只是一味地想方設法隱藏的話，又會怎麼樣呢？會一直對於自卑感的來源抱有憤怒、不滿之類的負面感情。覺得「貧窮是不好的」，因此對金錢過度執著，或看不起貧窮的人，容易產生偏差思想。學歷、運動、藝術、外表方面也是一樣。

每個人或多或少都抱有自卑感。如果一直把它當成負面物質放在心裡，會讓人生變得困難重重。

重點是要接納真實的自己。如果是學歷方面的自卑，就接納「沒能讀大學的自己」，承認「對於沒去讀大學感到後悔和羞恥的自己」。只要承認自己原來抱有這樣的自卑感，接納真實的自己就好。這種行為稱作「**自我接納**」。

建議經常用高壓態度對待孩子的人，先思考看看「**自己抱有什麼樣的自卑感**」。接著，努力接納這樣的自己。或許心裡會湧現一股不想承認的感覺，但是承認它是沒關係的。承認自卑，不會被人看不起。只要心想「原來我抱有這樣的自卑感啊」就好了，光是如此，就會產生很大的差異。

自卑不一定是壞事。自卑感會成為你努力去做某件事時的動力。應該也能夠了解同樣抱有自卑感的人的心情，並關懷他們吧。看在周遭的人眼裡，這份自卑感也許是一種魅力。

試著想想看，沒有自卑感，只有滿滿優越感的話會怎麼樣。那樣更可怕，對吧？

雖然成功人士總愛談斯巴達式教育

也有些人認為，把孩子的能力激發到最大限度是父母的責任，父母不該放任孩子自由發展，要判斷哪些事情是必要的，並要求孩子去做。這種信念的基礎偏向高壓育兒方式。

假設父母像這樣設定並管理孩子的學習目標。

「每天要做五頁練習題。閱讀時間為一小時，其中一定要包含閱讀英語書的時間。練鋼琴三十分鐘。其他時間會設定目標，讓孩子努力去達成。」

如果真的行得通，那倒沒關係。孩子也分成很多種類型，有的孩子確實能夠順利完成父母設定的目標，覺得「自己是一路努力過來的」而建立起自信心。也有的孩子是藉由斯巴達式教育而大幅提升能力的。實際上，採取斯巴達式教育出名的中國，就是藉此培育出了許多精英。

然而，不是所有孩子都適用斯巴達式教育。教養方式過於高壓，導致將來某一天出問題才是常見的情況。**不要被別人的成功經驗迷惑了。育兒的成功經驗只不過是個案，不能套用在每個人身上。**

換句話說，沒必要去想「我是不是要像那個成功的媽媽一樣，設定目標讓孩子去完成比較好？為了讓孩子達成目標，態度變得有點高壓也是難免的」這種事情。

只會等待指示的人容易落入非法打工的陷阱

下達命令並要求對方照做是很輕鬆沒錯。

對孩子說「不……的話會有鬼來找你喔」、「不……的話就不准吃飯」，讓孩子心生恐懼也很簡單。但是如此一來，就沒辦法培養出孩子的自主性，讓他變成無法自主判斷並採取行動的孩子。

不得不說，自主性低的人是很難在社會上生存的。在現在這個時代，根本沒有公司會歡迎這種「**只會等待指示的人**」。

前面案例提到的智也，是因為非法打工而成了電信詐騙的共犯。

他明白這是犯罪，卻還是毫不猶豫地做了。依循指示行動對智也來說是再熟悉不過的事。接收到指示之後，只要腦袋空空地照做就好。他壓下「這麼做真的正確嗎？」的懷疑念頭，聽從命令。

這些因為非法打工而遭到逮捕的非行少年，大多都是心智不怎麼獨立的孩子。他們無法勝任正常的打工，也不會去思考突破現狀的策略。既然能夠依照指示行動，在某種意義上他們也算是認真的孩子，但光憑這一點是無法在社會生存的。

應該命令的事與不該命令的事

偏向高壓型的父母，要盡可能留意不要用命令語氣講話。試著思考看看，不用命令語氣，要如何對孩子說明事情。光是試著不用命令語氣說話，應該就會有所發現。

當然，也有應該用「要……」、「不可以……」等句型下達命令的時候，比方說與安全相關的事情。

「走路要靠路邊。」

「不可以闖紅燈。」

這是為了守護孩子的身體與生命安全，所以無須讓他們進行思考。必須要明確傳達，並要求他們遵守。

除此之外，社會規範也可以用命令語氣表達。

「不可以擅自偷走別人的東西。」

「要遵守先後順序。」

在孩子的判斷能力和倫理觀形成之前，父母就該教導孩子這些事。

在上一章介紹的文部科學省的發展階段中，小學低年級時期的其中一項是「透過遵守大人說的話，開始理解並分辨是非善惡」。在小學入學前到低年級這段時間，為了安全起見，要特別留意教導孩子規則與社會規範，這是非常重要的一點。

無論是誰，在這個時期應該都會稍微偏向高壓型吧？在教導大量規則的過程中，一不小心就會用咄咄逼人的語氣要求孩子「快點去寫功課」、「去檢查有沒有東西忘記帶」、「去做那個、去做這個」。

不過，除了安全相關事項和社會規範，其他事情都可以不用命令的方式傳達。

「什麼時候要寫功課呢？我會幫你檢查，寫完告訴我喔。」

「我們一起檢查明天要帶的東西吧？有沒有特別要帶的東西？」

我想有些人會說，平常已經很忙了，沒辦法每次都這樣說話……但即便是偶爾也好，讓孩子自己思考、展現出與孩子一起思考的態度是很重要的。

如何避免自己的孩子變成只會等待指示的人？

該怎麼做，才能讓孩子不要只會等待指示，而是自己採取行動呢？

美國心理學家阿特金森（John William Atkinson）提出的成就動機理論，為「達成目標」這件事進行了說明。成就動機由「追求成功動機」和「逃避失敗動機」所組成。「**追求成功動機**」是想要達成目標的積極意志。追求成功動機較高者的特徵是深信「只要努力就能成功」，勇於面對困難。

另一方面，「**逃避失敗動機**」則是想要避免失敗的消極意志。逃避失敗動機較高者容易認為自己做不到，因此不敢面對挑戰。

每個人都同時具有「追求成功動機」和「逃避失敗動機」。不過，兩者之間誰強誰弱，會影響一個人的做事方式。

採用高壓的育兒方式，孩子的「逃避失敗動機」會增強。因為害怕不聽父母的話會受到懲罰而採取行動，已經成了常態。此外，父母的要求愈超過，失敗的機會就愈高，難以累積成功體驗，這會造成孩子更加深信「自己做不到」。

如果能夠積極面對失敗的話倒還好，但是處在失敗會遭受懲罰的環境下，根本沒辦法做到這件事。

提高「追求成功動機」的關鍵在於賦予內在動機。失敗就予以懲罰、成功就予以報酬，這兩種方式都是賦予外在動機。偶爾對孩子說「考試及格的話就買你想要的東西給你」是沒關係，但是這同樣無法提高追求成功動機。

孩子想要滿足好奇心的意志、想要進步的慾望，就屬於內在動機。「想試試看的意志」比什麼都重要。

孩子天生就擁有旺盛的好奇心，什麼都想嘗試。人類會隨著長大成熟，而開始害怕失敗，但小時候想要挑戰的意識是大於害怕失敗的。

因此，父母**應該要支持孩子那份「想試試看的意志」**。要是發現孩子帶著好奇心在嘗試某件事情，要對孩子的嘗試表達肯定。

「真是厲害。」

「真棒的挑戰。」

只要像這樣表達認同，就是在支持他。看見孩子正在嘗試的時候，說一聲「唉唷，不錯嘛」也行。無論結果如何，只要**支持挑戰這件事本身**，孩子的追求成功動機就會提高。

能使人產生幹勁的目標設定訣竅

阿特金森的理論也能幫助我們設定出能令人產生幹勁的目標。

阿特金森曾找來一群小學生，進行套圈圈的實驗。他請孩子們自由地從各種不同的距離玩套圈圈遊戲，接著請他們回答，不同距離各自的成功率大概是多少，並觀察他們的狀況。

結果發現，很少人會從成功機率極高的距離玩套圈圈，也很少人會從成功機率極低的距離玩套圈圈。最多人站的位置，是成功機率百分之五十的距離。也就是說，大家最喜歡挑戰「成功和失敗的機會各半」的事情。

以這項實驗為基礎，阿特金森提出「**期望**」和「**價值**」相乘可以提高幹勁的理論（期望價值理論）。這裡所說的「期望」是指認為「自己可以達成這件事」，也就是對自己的期望。而「價值」則是指自己覺得達成這個目標是有意義的。如果目標太過簡單，「價值」就會降低。

即便覺得自己可以達成的期望很強，卻沒有挑戰價值的話，人也不會產生幹勁。期望100×價值0＝幹勁0。

另一方面，如果達成與失敗的可能性各占一半，讓人覺得有挑戰價值的話，就是期望50×價值50＝幹勁2500。

此外，阿特金森的報告中指出，追求成功動機愈高的人，愈傾向於選擇中等距離的適當目標；追求成功動機愈低的人，愈傾向於選擇成功機率高的距離，或反而選擇成功機率低的距離。如果害怕失敗，就會設定簡單的目標，或是設定失敗也不會受責備的極端困難目標。

由此可知，能令人產生幹勁的目標，必須是當事人覺得有價值的目標，難度則視當事人的成就動機而定。對逃避失敗動機較高的孩子而言，成功機率百分之五十的目標會給他帶來過度的壓力。面對這樣的孩子，重點是要設定能讓他覺得「這樣我應該可以做到」的難度，讓他累積成功體驗，提升成就動機。

找回自我肯定感

挑戰必定伴隨著失敗。

如何看待失敗，與**自我肯定感（Self-esteem）**也大有關係。

Self-estee m可以翻譯成自我肯定感或自尊心，指的是重視自己的感覺。

若是自我肯定感高，就算遇到困難，也會認為「我有能力解決」。遭遇失敗的時候，也不會認為這會導致自己的價值下降。例如，考試失利時，不會絕望地認為一切都完了，能夠去思考如何活用這次經驗。

此外，自我肯定感高的人即便站在犯罪的入口，也不會輕易踏進去。因為犯罪造成的損失太大了。

自我肯定感是無法單靠自己一個人提高的。關鍵在小時候，尤其是必須在與監護人的關係之中，覺得自己的存在受到認可。

在高壓型父母的教養下，一直遭到拒絕的孩子自我肯定感會降低。

「去○○，那樣我就會認可你。」

「不要去○○，否則我就不認可你。」

如果父母給的認可都是有附加條件的，孩子依然沒辦法感到自己的存在受到認可。重點是要清楚告訴孩子「你光誕生在世界上就很棒，就很有價值了」。

在少年鑑別所工作，經常會遇到自我肯定感低落的少年。當然，心理測驗可以測出自我肯定感的數值，但光是在面談時聊個幾句就看得出來。

「我這種人活著也做不了什麼事，為什麼要活著呢？」

「說什麼我可以更生，根本不可能。」

少年院的教官會不斷對這樣的少年們說認可他們的話。就好像他們的父母一樣，隨時守護著他們。

「重要的是你現在還好好地待在這裡啊。」

「只要活著就好。」

不說他們是不會懂的，我們必須每天這樣告訴他們，讓他們恢復自我肯定感才行。在自我肯定感低落的情況下，是沒辦法踏上更生之路的。

有時候還得從幼兒期開始從頭教養，這種方式稱為「**再撫育治療**」。

當然，這會非常花時間，成人的「再撫育治療」是相當困難的。

會反覆入獄的人都是幾乎完全失去自尊心，自我肯定感破碎得一蹋糊塗的累犯。對他們進行再撫育治療，讓他們恢復自我肯定感，是一項極為困難的任務。

明明知道還是會被騙的電信詐騙

接著，要來談談智也所犯下的罪行——電信詐騙。

雖然現在整體的犯罪數量持續減少，但還是有幾種犯罪不斷增加，其中一種就是電信詐騙。

根據警察廳的定義，電信詐騙指的是「透過打電話給被害人等方式，沒有實際見面就取得對方信賴，要求對方匯款至指定帳戶或以其他方式，從不特定多數人手中詐取現金等財物的犯罪」。「詐騙」是從很久以前就存在的古早犯罪方式，但是近年來，透過網路等媒介成為共犯的人和被害人都增加了。

二〇二二年已知的電信詐騙件數為一萬七千五百七十件，被害金額為三百七十·八億日圓，與前一年度相比，兩者都有所增加。

媒體經常報導電信詐騙的手法，我想很多人都對此有所認知。為了杜絕電信詐騙，金融機構和公所等處都貼有宣導海報，應該很多人都看過。

那為什麼，電信詐騙始終不見減少呢？

■電信詐騙的主要手法

・猜猜我是誰

偽裝成被害人的親戚、警察、律師等，以要求被害人支付親戚所引起的事件或事故的和解金等名目騙取金錢。

・存款詐騙

冒充縣市政府、鄉鎮公所或稅務署職員，聲稱需要支付醫藥費等費用，以必須確認並更換提款卡等藉口上門拜訪，騙取被害人提款卡。

・要求支付假款項

以有費用尚未支付為藉口騙取金錢等財物。

・退稅詐騙

假稱要經過某種手續才能領取退稅，要求被害人操作ATM，藉由匯款獲取不法利益的手法。

以上每一種都是很常見的手法。最麻煩的是「明明知道，還是會被騙」這一點。雖然大部分的詐騙都是只要知道就能預防，但電信詐騙是一種很難防範的犯罪。警察和公所都很努力在宣導，但始終沒能拿出理想的成果。

實際上，我和警視廳與東京都廳的電信詐騙對策也有著很深的關係，因此親眼見識過電信詐騙有多難防範。

大多數的人應該都不覺得自己會成為詐騙的目標吧？用心理學的方式來說，這就是「**認知偏誤**」在運作。尤其是只會接收到有利於自己的資訊的「**確認偏誤**」，以及發生異常狀況時會告訴自己「這沒什麼大不了」，以讓自己冷靜下來的「**正常化偏誤**」，這兩種偏誤會使我們無法做出合理的判斷。

歹徒也會用容易獲取他人信任的方式說話，並利用心理學技巧，比如不給你時間思考等等，妨礙你做出正常的判斷。平時能夠冷靜思考的人一旦陷入恐慌狀態，也會變得無法冷靜思考。

警察和公所雖然祭出了許多招數應對，但電信詐騙的主謀又會想出更巧妙的騙人花招，目前雙方陷入了貓捉老鼠的狀態。

就像前面案例提到的智也一樣，這幾年逐漸增加的電信詐騙手法，就是僱用短期兼職人員來當實行犯。因此只要去指定的地址收取紙袋，再將紙袋放進投幣式置物櫃這種簡單的打工，才能賺到如此高額的報酬。

除此之外，還有提供人頭帳戶或手機等輕鬆獲取高額報酬的非法打工。

在正常情況下，大家都會覺得這種打工事有蹊蹺，但他們以為只要說「我不知情」就沒事了。實際上，受僱的一方確實幾乎什麼都不知道，他們都是在沒有被告知目的，也不清楚主謀是誰、在哪裡的情況下工作的。遺憾的是，被抓的卻都是這些受僱者，因為沒人知道主謀身在何處。

因此，實際發生的詐騙案件數應該遠高於已知的詐騙案件數。推測還有非常多未納入統計的件數（黑數）。

為了避免「外行人被捲入複雜化的犯罪」

就算什麼都不知道，參與電信詐騙這件事仍百分之百屬於犯罪。這是無法推託的，所以千萬不要與這種事有所牽扯。

然而，事實上也有很多人被逮捕後才說：「原來這件事這麼嚴重？」感到驚訝不已。不少人都感覺得出這件事不尋常，但還是「沒多想什麼」就去做了。也就是說，他們是被設計的。

有些在過去顯而易見的犯罪，如今被巧妙地進行了包裝，因此「以為只是打工，結果依照指示行動後，才發現是犯罪」這種事情是有可能發生的。完全沒有犯罪經歷的「**犯罪外行人**」很容易被捲入這種犯罪。

有可能透過暗網輕易接觸到這一點，與上一章談到的違法藥物一樣。先不提本人使用毒品，甚至還有協助走私違法藥物的非法打工。只要前往機場，將行李交給具有某個特徵的人，就可以賺到五萬日圓。有的少年就是接下了這樣的工作而遭到逮捕。

為了避免孩子被捲入這類複雜化的犯罪，我們能做些什麼呢？

我可以斷言的是，人不能無知。

現在社會上大家都在討論什麼事件？發生了什麼事呢？**無論是透過電視、報紙或網路都好，接觸時事新聞是非常重要的。**

在以前，家裡總會開著電視，**親子之間自然也常常會聊到新聞的話題**。如此一來，就可以藉由「如果你看到這種暗網該怎麼辦」、「就算拿到十萬日圓，但遭到逮捕的話就什麼都沒了」之類的對話，自然而然進行情境模擬，對吧？

這件事情非常重要。

但是，如今每個家庭成員各自觀看自己喜歡的YouTube或Netflix成了常態。家人一起看電視，討論電視內容的機會應該大幅減少了。既然不看新聞，那確實真的有可能「不知道這是犯罪」。

為了避免孩子被捲入犯罪，父母的責任之一就是為孩子補充知識。一起看新聞並針對內容進行討論，是一件只要稍微留意就能做到的事，建議各位務必這麼做。

第3章

不理解他人感受的孩子——溺愛型容易遭遇的危險

成美的案例

罪狀

傷害（家庭暴力）

在家中對家人暴力相向，朝祖母丟擲菸灰缸，導致對方身負三個月才痊癒的重傷。

成美是人們口中的「大小姐」。住在華麗的深宅大院，家中有庭園般的院子。集雙親與同居的祖父母之寵愛於一身，過著衣食無憂的生活。

外祖父是白手起家的老闆，事業成功讓他賺得萬貫家財，也是當地有名的資產家。

外祖父母只有一個孩子，就是成美的母親。任性自我的母親不打算繼承公司，於是他們招了女婿入贅。乖巧順從、面對任何要求都使命必達的父親深得祖父歡心。現在成美的父親雖然是老闆，但實際上還是維持著祖父一人獨大的經營模式。

在家裡，祖父的存在感非常強大，大家都對他畢恭畢敬。而母親比較在乎自己的玩樂，把個人興趣看得比家庭重要。

在這樣的情況下，祖父非常溺愛自己唯一的孫女。

一部分也是因為打算將來幫成美招女婿，讓她繼承公司。祖父費盡心思討成美開心，成美想要什麼他都買。成美念幼兒園的時候說想要學跳舞，他便立刻請了專業舞者來當家庭教師，還在家裡打造了練舞室。成美就是這個家裡的公主。

上小學時，成美說「想要養狗」，祖父便開心地帶成美去寵物店，讓她挑選想要的狗狗。於是她選了一隻一年級小朋友也可以輕鬆抱起來的幼犬。

「好可愛喔。乖孩子、乖孩子。」

一開始成美很疼愛狗狗，但是狗狗長大之後，她便說：「牠已經不可愛了，我不要了。」對狗狗完全失去興趣，連餵牠吃飯、摸摸牠都不肯。

「果然還是貓比較好。如果是貓的話，我就會好好養。」

於是祖父買了一隻貓給她，但結果還是一樣。

成美的任性妄為使她在小學裡也漸漸格格不入。低年級的時候雖然還被大家接納，但升上三年級後便成了班上的邊緣人。尤其是在運動會或成果發表會上，只要自己不是主角，她就會鬧脾氣。

「為什麼不是我！明明我長得比那個人更漂亮，還很會跳舞。」

成美這麼說道，對身邊的人亂發脾氣，於是朋友也都離她而去。

在選班長的時候，成美把票投給自己。結果開票之後，卻發現成美只有得到一票。

「我是為了他們才想當班長的耶！」

成美在家裡憤慨地傾訴，祖父便附和道：「大家都不懂妳的用心。」為了讓她消氣，又買了時下正流行的遊戲給她。

沒有任何人對成美自我中心的舉動提出告誡。

她是從小學高年級開始對家人暴力相向的。

只要遇到什麼不滿，她就會先破壞家裡的物品。打破窗戶、把冰箱內的東西全倒出來，大搞破壞。這種時候她都會湧出巨大的蠻力，讓人不禁疑惑到底是哪來的力氣，大家都拿她沒辦法。要是有哪個大人去阻止她，她就會向對方拳打腳踢，還曾經因此鬧上警局。

但是，身為地方知名人士的祖父會負責壓下這些事件，因此問題並未浮上檯面。

之後，成美好不容易上了高中，卻馬上因為無法適應環境，而在一年級的時候退學，過上對外宣稱「幫忙家務」的家裡蹲生活。零用錢只要向父母或祖父要就好。買些漂亮的衣服，化化妝，到處閒晃遊玩就好了。

不過成美其實已經發現了。即便打扮得漂漂亮亮，也沒有人會理睬她，除了家人以外。她沒有願意傾聽自己說話的朋友。

然而，自從她去了牛郎店之後，狀況就為之一變。她在這裡被當成公主對待，只要出錢，大家就會聽自己說的任何話。對成美來說，這是一個超棒的舒適空間。

尤其是一名叫做小剛的牛郎，他是成美喜歡的類型，既溫柔，又會不斷稱讚成美。成美很喜歡他那有點不可靠的氣質。

「這個月的業績沒達標。」

當小剛這麼說，成美就會為他點要價數十萬的香檳。她也很常先和小剛約會，再陪他一起去店裡上班，想讓他覺得「自己沒有成美不行」。

「交給我。」

當然，那些錢都來自家人。從沒自己賺過錢的成美一直纏著家人要錢。

「前陣子不是才給過妳三十萬嗎……再怎麼說也太超過了。」

父親困擾地說道。成美聽完便一腳踹向父親，接著將客廳的抱枕、書本等拿得到的東西一個個砸過去。這還只是開始而已。成美最近的暴力行為已經變本加厲。

「等、等一下。」

當祖母為了勸阻而進入客廳時，成美扔出了菸灰缸。那是一個玻璃製的沉重菸灰缸。

砰。一陣沉重的撞擊聲響起，祖母倒了下來，轉眼間便形成一大片血泊。煙灰缸擊中了祖母的頭部。雖然他們立刻叫了救護車，讓祖母撿回了一條命，但祖母也因此身負三個月才得以痊癒的重傷。

最後這起事件被通報給警方，成美進了少年鑑別所。

解說：何謂溺愛型？

溺愛型家長的特徵是會看孩子的臉色，對孩子言聽計從。無論孩子想要什麼都買給他，讓孩子盡情做自己想做的事，不讓孩子感受到一絲不順心。

被父母用溺愛型教養態度養大的孩子，會覺得所有事情都該順著自己的意，變得自我中心。缺乏**同理心**，不擅長站在他人立場看事情。遇到不如意的事情，通常會責怪他人，或用粗暴的態度對待他人。

由於他們在成長過程中不需要自己判斷情況，所以不會**察言觀色**，在人群中容易顯得格格不入。

學會妥協才能成為大人

成美是由溺愛型家人養大的孩子的典型案例。尤其是祖父，只要是成美想要的東西，祖父都會買給她；無論她想做什麼，祖父都會讓她去做。

當成美說想學跳舞，祖父就立請專業舞者來當家庭教師，還在家裡打造了一間練舞室，真的是很不得了。況且，這時候的成美只是個幼兒園小朋友而已。雖說有這樣的財力，要這麼做也不是不行，但是大多數的家長應該會再稍微觀察一下狀況，再提供支援吧？

舉例來說，先帶孩子去體驗看看，然後與孩子討論：「如果你真的想繼續的話，就來訂個這樣的計畫吧？」為孩子準備適合的環境。

如果孩子說想要做就讓他去做，說想放棄就讓他放棄，並不斷重複這個循環的話，孩子就沒辦法學會堅持。實際上，成美的興趣從來沒有長久持續過。就連養寵物也是，一開始百般疼愛，但是在途中就會感到厭煩，不再照顧牠們。

這種時候，家長應該出面指導，好好教導孩子養育寵物的責任。然而，家長卻沒有記取教訓，又買了新寵物給她，相當令人頭疼。於是成美就在從沒經歷過不如意，也從未為了外界狀況而妥協個人慾望的情況下逐漸長大。

與過度保護型一樣，由溺愛型家長養育長大的孩子也會缺乏挫折容忍力。無法好好面對不如意的事情，會採取逃避行動，或變得具有攻擊性。

就成美來說，當她遇到不順心的事情時，就會對人暴力相向。若是在她剛開始對家人施暴時，有人出面予以適當的指導就好了。該如何面對不滿的情緒呢？要與她一起思考最佳的應對方法，並告訴她：「遇到挫折時我會在妳身邊支持妳。」

然而，成美的家人不但完全不管教她，還把事件壓下來。只是假裝沒發生過家暴，繼續過著討成美開心的生活。

「疼愛」和「溺愛」是不一樣的

偏向「溺愛型」的父母，大多都不懂得如何區分「**疼愛**」和「**溺愛**」。

「疼愛」對於孩子的依附關係建立是不可或缺的，得到「疼愛」，孩子才會擁有穩定的情緒與正常的心理發展。

關於依附關係，最有名的就是精神科醫師約翰・鮑比（John Bowlby）所提出的**依附理論**。簡單來說，依附就是孩子藉由與家長等自己信任的人「黏在一起」，來讓自己感到安心的行為。嬰兒會藉由哭泣來表達「肚子餓了」、「屁股不舒服」、「想睡覺」、「想要抱抱」等意思。當家長回應這些要求，並用令人放心的方式抱抱嬰兒，嬰兒就會冷靜下來。

不斷重複這樣的行動，就會建立起依附關係。眾所周知，依附關係會大幅影響孩子日後的發展，這幾年的主流想法是「要盡量多抱抱孩子」。以前也有一陣子流傳過「太常抱孩子會讓孩子養成壞習慣」的說法，但是這在發展心理學上並沒有根據。

會藉由與信賴的人黏在一起來讓自己感到安心的，不只是嬰幼兒。即便是長大之後，人們也會因為有人藉由擁抱等方式疼愛自己而獲得平靜，並因此產生足以跨越不安的力量。

願意「疼愛」孩子，對於孩子的獨立是很重要的。

另一方面，「溺愛」則是為了父母自己而做的行為，並不是出於「疼愛」孩子，而是為了父母的自我滿足。

舉例來說，當孩子說想要吃點心或甜食時，考量到孩子的健康，父母通常都會給予某種程度的限制，如果因為孩子吃了會開心就毫無限制地讓他吃，就是「溺愛」。當孩子說想要就給他，不僅可以讓場面和諧，也不會產生壓力，因此溺愛是一件很輕鬆的事。

最近很常見的情況是過早購買電玩遊戲主機給孩子。在上小學之前就長時間打電動、玩網路遊戲的孩子愈來愈多了。這是養成孩子生活節奏的重要時期，正常來說，必須要限制遊玩時間、禁止睡前打遊戲、遵守上床時間才對。

然而，**因為讓孩子想打多久就打多久比較不會產生壓力，所以有些家長會完全不設限制，讓孩子盡情地打。**這完全就是「溺愛」。我在少年鑑別所看過許多孩子就是持續過著這樣的生活，最後變得日夜顛倒，沒辦法去上學。

溺愛型父母沒有考慮到孩子的將來

「溺愛型」和「過度保護型」很相似。

這兩種父母養育出來的孩子挫折容忍力都很低，且具有他罰傾向。如果父母是藉由受到孩子依賴來證明自己的存在意義，就會形成互累症，且難以擺脫這種關係，這一點也是兩者共通的。

仔細觀察兩者的差異，會發現重點在於父母是否掌控孩子。父母會事先幫孩子解決問題的是「過度保護型」，而對孩子言聽計從、百依百順的則是「溺愛型」。

以結果而言，兩者看起來都是過度保護，寵溺孩子這一點也相同。不過，「溺愛型」的父母沒有考慮孩子的將來。雖然「過度保護型」也不能算是為孩子著想，但至少他們是擔心孩子的將來，才想要保護孩子。然而，「溺愛型」只是在每個瞬間回應孩子的當下要求，並不斷重複這個行為而已。在這一點上，兩者大相逕庭。

如果你一不小心就會想要溺愛孩子，請思考一下：「這對孩子的將來有益嗎？」若是不回應孩子的要求，當下孩子可能會哭泣或生氣，但學習忍耐也是很重要的。

說到底，孩子本來就不擅於長遠的思考與判斷，因為孩子都專注於當下。現在想要養貓，這個想法是真實的。但是，他們並沒有想到以後會怎麼樣，必須由能夠進行長遠思考的大人提供建議，與孩子一同思考才行。

訂定零用錢制度能夠累積孩子的社會經驗

孩子要多少錢就給多少錢的案例也較常見於「溺愛型」。

案例中的成美從小就得到過多的零用錢，完全不打算靠自己賺錢。她四處揮霍零用錢，最後竟開始頻繁向家人討要在牛郎店玩樂的金錢。

給予孩子必要的金錢是一件很正常的事，但是必須要多考量一下零用錢制度的運用。如果孩子要多少就給多少，孩子會無法建立挫折容忍力和金錢觀。不去思考自己是否真的想要，因此興趣難以持續，總是三分鐘熱度。

有想要的東西時，就要訂立得到那個東西的計畫，這是非常重要的一個觀念。要讓孩子了解慾望不能全部得到滿足，累積自己計畫、調整的經驗，零用錢是個很好用的教材。

那麼，什麼樣的零用錢制度比較好呢？

要在什麼時機給、給多少比較好，會依每個家庭的價值觀和情況而異，無法一概而論。

不過，**重點在於「討論」和「契約（約定）」。**

哪些東西由父母支付？零用錢要用在哪裡？親子要一起討論並決定這些事。

舉例來說，文具、參考書這些在學習方面的必要物品，由父母在必要的時候購買。而日常生活中的玩樂、興趣花費，則以每個月一定金額的零用錢支付。若是想要買零用錢買不起的昂貴物品，要親子一起討論購買的原因，進行交涉、商量。

若是由父母獨斷決定，孩子容易感到不滿，但是經過討論的過程，孩子就會覺得能夠接受。此外，約定也很重要。如果沒有建立起依規定運用的基礎，就會變成根據當下的心情決定要不要答應要求。千萬不能霸道行事，說「今天心情好，所以零用錢加倍」或「剛才你不聽話，所以不給你零用錢」這種話。

「討論」與「契約」，有時候還有「交涉」，這些都是在社會上生活必須要學會的事情。大家不妨把零用錢當成這些事情的練習吧？

溺愛型與原始的犯罪「強盜」

應該要有經濟寬裕、孩子數量少這些先決條件，才有能力溺愛孩子吧。要是經濟方面不夠寬裕，大概很難持續不斷地回應孩子的要求。

在外人看來，可能會覺得：「備受寵愛還能拿到那麼多錢，真好啊。」

前面案例提到的成美也是有錢人家的獨生女。她在衣食無憂的環境下長大，散發著雍容華貴的氣質。我想應該也會有人感到很「羨慕」。

但是，沒辦法獨立會帶來很大的風險。就算現在經濟上有餘力這樣寵溺她，將來也有可能遇到沒有餘力的時候。而且父母也沒辦法永遠保護著她，總有一天一定會面臨想要回應孩子的要求卻做不到的時候。

我在某座監獄，遇到了一名被極端溺愛型父母養大的男性受刑人K。K的家長是地方上有名望的人士，擁有許多不動產。K就算不工作，每個月也會有一筆相當豐厚的收入，於是他遊手好閒地過著日子。他經常造訪銀座的高級餐廳，名下除了四輛高級車之外，還擁有遊艇和水上機車，過著召集朋友相聚作樂、花錢請客的生活。

然而，在老家因為開出空頭支票而家道中落之後，情況為之一變。K不僅沒了收入，也失去了朋友。自我中心又高傲的K並沒有真正的朋友，之前那些朋友只是因為錢而聚集在他身邊的。

年近四十的K沒有靠自己賺錢的經驗，不大了解社會的規則，也不會察言觀色，完全不知道該如何生活。於是他犯下了強盜罪。

強盜是最原始、最不用動腦的犯罪。被報警的風險也相當高，因此專業的罪犯不會做這種事（竊盜和詐騙就會有專業罪犯）。強盜是一種威脅被害人，強迫對方交出財物的犯罪，所以一定會接觸到被害人，面貌也會曝光，因此被逮捕的風險相對高。

但是K只會做這件事。他埋伏在郵局前面，鎖定從郵局出來的老人家，威脅他們「把錢交出來」。在連續搶奪了幾次老人家微薄的年金之後，他就因為民眾報警而遭到逮捕了。

因為家道中落而成為強盜，還真是單純啊。令人感到既難以置信又悲哀。

K在監獄中花了兩年才意識到自己的問題。因為在父母的溺愛下長大，所以他的思考具有他罰傾向，始終難以擺脫「都是父母不好」、「都是朋友不好」、「都是社會不好」這類的想法。

深入內省的方法

在K的更生之路上，**內觀療法**發揮了極大作用。

內觀療法最初是作為一種「認識自己的自我觀察法」而開發出來的，所以在監獄和少年院裡經常被當作更生計畫的一環。

方法很簡單。先決定「父親」或「母親」之類的主題，接著思考那個人「為自己做過什麼」、「自己為他做過什麼」、「自己給他造成過什麼困擾」這三件事。

不用寫下來，也不用對誰說，只要專心凝視自己內心浮現的想法和感情就好。光是這樣，就可以加深對自己的認識，客觀看待現在的狀況。

（前作《你說的話，對孩子是心靈雞湯，還是心靈毒藥？》裡面，有一併詳細解說角色書信療法這個具體手法，感興趣的讀者可以閱讀看看。）

前述的Ｋ就是在反覆進行內觀療法的過程中，成功擺脫了他罰思考，雖然花了很長一段時間。他開始會思考「自己能做些什麼」，在快出獄之前還說了自己今後的人生計劃。

明明那些東西都不是靠自己的能力賺來的，我卻滿足於別人為我打造的環境，變得驕矜自滿。那個環境一崩毀，我忽然就什麼事都做不了了，把一切都怪罪到別人頭上，鑄下大錯。為了不要再讓人和我遭遇同樣失敗，就算只減少一個人也好，我想把自己的經驗告訴大家……

有了這層認知，就等於往更生邁進了一大步。Ｋ之後怎麼樣了呢？我沒辦法追蹤他出獄後的生活，所以很遺憾，我也不清楚。不過據我所知，至少他沒有因為再次犯罪而回到監獄。希望他好好過著自己找到的全新人生。

誤以為對方理解自己的感受

被溺愛長大的孩子很容易誤以為「對方理解自己的想法或情緒」。這是一種認知偏誤，稱為「**透明度錯覺**」。

他們尤其會認為親近的人「這種事不用說也會懂吧」，然後生氣地想「為什麼你都不懂我」，我想應該很多人都遇過類似的經驗。

「你應該知道我很累吧，為什麼不幫我做家事呢？」

「我想要你這麼做，為什麼你不做呢？」

明明沒有告訴對方，卻認為對方理解。除此之外，感覺對方比實際情況更大程度識破了自己的謊言或隱瞞的事，或是明明對方不知道某個知識，卻以為對方和自己有著相同的認知，這些狀況也是因「透明度錯覺」而起。

雖然每個人都會陷入認知偏誤，但大家也明白，「透明度錯覺」過於強烈的話會對溝通造成阻礙吧。事實上，該說的話不說就責怪或怨嘆別人「都不懂自己」，會讓周遭的人覺得你是個「難搞」、「難相處」的人。就算家人願意看你的臉色、討你開心，但到了外面的社會會很難適應，經常無法融入學校或職場人際關係。

看待事情的方式愈是自我中心，「透明度錯覺」就會愈強。想要推測對方有多理解自己內心的想法，就必須先認識自己的內心，並以此為基礎「調整」對方眼中的自己。因為對方對自己的認識不比自己深，所以必須打個折扣再進行調整，但是愈是自我中心，就愈難去做打折扣這件事。

為了避免**孩子被偏誤困住，請告訴他要好好地用語言表達意思。**

舉例來說，當孩子一臉生氣地看著眼前的荷包蛋，不要直接把醬油遞給他說：「抱歉，是少了醬油嗎？來，給你。」要問他：「怎麼了？」讓他用語言表達希望別人幫他遞醬油過來的心情。

我想，總是仔細觀察孩子的父母，應該不用語言就能理解孩子的心情，但是讓孩子好好表達自己的意思也是很重要的。

如何提升同理心？

認為「就算不說，別人也該懂我」，但是自己不僅無法理解別人的內心想法，也不會察言觀色。這是由「溺愛型」家長養育的孩子的常見特徵。

「察言觀色」一詞有時候雖然帶有負面的涵義，但它是在描述解讀非語言資訊、推測他人感情的能力。如果不懂得察言觀色，就會做出不適當的言行舉止，容易招致反感。也會導致與群體格格不入，覺得活得很辛苦。

雖然也有些時候不要察言觀色比較好，但是懂得察言觀色是再好不過了。

為了學會察言觀色，就必須提升心理學所說的「同理心」。

我們可以藉由練習推測他人心情來提升同理心。孩子上小學前，就要在孩子與朋友、兄弟姊妹相處的時候問他：「〇〇現在是什麼心情呢？」讓孩子去思考別人的心情，這一點是很重要的。舉個例子，孩子常會和朋友爭搶玩具，或因為一些小事而吵架，對吧？

「你非常想要這個玩具，可是〇〇在玩，所以你把它搶過來了，對不對？你覺得現在〇〇現在是什麼心情呢？」

「你不想和〇〇玩了，所以叫他『走開』，對不對？〇〇被你這樣說之後，會有什麼感覺呢？」

不要劈頭就罵孩子「不可以搶人家的東西！」或「對人家好一點！」，請先暫時接納孩子的心情，再引導他去思考另一名孩子的心境。

還有另一個重點，就是讓孩子了解就算他與對方處在同樣的情境，對方對同樣情境的感受也會與自己的感受有所不同，並不是「我很高興，所以大家也很高興」、「我很難過，所以大家也很難過」。在幼兒園這類團體生活中了解其他人心情的體驗，可以提升同理心。

讀一些表現心情的繪本給孩子聽也是個不錯的方法。可以讓孩子看著表情和情境的圖畫，練習理解他人的心情。

挫折容忍力過低會招致家庭暴力

前面案例中的成美鬧出了家庭暴力事件。雖然以整體來看，少年非行有逐漸減少的傾向，但是近年來，家庭暴力案件持續在增加。

如下一頁的圖5所示，二〇二一年共有四千一百四十起案件。雖然以中學生、高中生居多，但這幾年小學生的案件數量也增加了不少。

另外，警察廳生活安全局的資料顯示，這四千一百四十起案件中，遭受暴力的家庭成員以母親為多，共有二千三百五十二件，接下來依序是父親五百三十三件，兄弟姊妹四百五十三件，同居親戚一百六十一件，除此之外，家庭用品也被列為遭受暴力的對象。

雖然沒辦法明確鎖定家庭暴力案件增加的原因，但我可以說，現代的少年承受著許多壓力。以報考私立中學熱潮為首的教育方面壓力也是其中之一。不只要忙著上學、上補習班、上才藝班，還會透過網路、社群平台接觸到大量的資訊，如此一來，

圖5　少年犯下的家庭暴力已知案件數推移

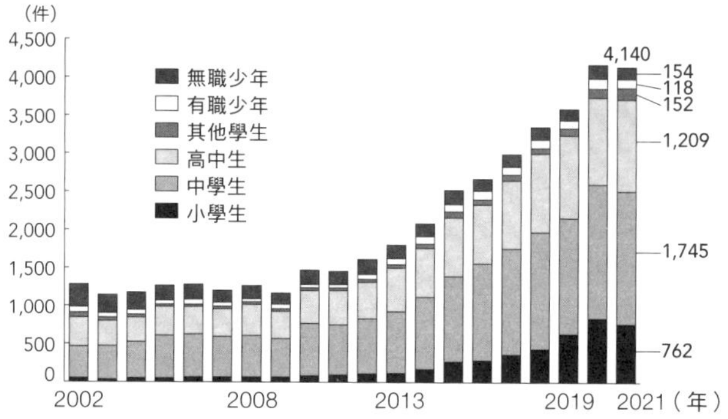

出處：令和4年版犯罪白皮書（法務省）

不是很難好好紓解壓力嗎？

雖然會對家人施暴的不只是由「溺愛型」父母養大的孩子，但由「溺愛型」父母養大的孩子們對挫折容忍力較低，經常會因為一些雞毛蒜皮的小事感到不滿。再加上他們難以適應社會，生活自然會以家庭為中心。因此，普遍認為這類人比較容易對家人施暴。

此外，會對家人施暴的孩子通常都是「在家一條龍，出外一條蟲」。孩子會對父母生氣或反抗父母是理所當然的，但也有**因為生在對孩子百般溺愛的家庭，才會藉由大鬧來發洩壓力的狀況。**

挫折容忍力低的男子所引發的性犯罪

如果一名男性從小被溺愛長大，挫折容忍力低，那麼他也有可能會走向性犯罪。

進入青春期之後，性慾高漲是很自然的事，但是我們必須好好處理它。畢竟性行為需要與他人接觸，所以不可能總是如自己所願。

從小受到百般溺愛、凡事都如己所願的人，這時就會遇到巨大的阻礙。這種孩子本來就不擅長圓滑地建立人際關係，因此與異性的交往也不會順利。於是他們就會為了滿足自己的性慾而霸王硬上弓。

他們通常會以明顯比自己弱勢的人，也就是兒童為目標。因為他們害怕對與自己年齡相仿的人下手，會遭對方反制。因此他們就會去誘拐兒童，進行強制猥褻。

受到電影或電視劇的影響，提到兒童誘拐，大多數人都會想到勒索贖金。然而實際上，大多數兒童誘拐案的目的都是**性犯罪**。

因此，當孩子失蹤時，不要等到犯人來要求贖金時才思考要不要報警，請立刻報警以確保孩子的安全，這一點是非常重要的。

伴侶或祖父母溺愛孩子時該怎麼辦？

讓我們回到溺愛型教養的話題吧。

「老公太寵孩子，讓我很困擾。」

「請祖父母幫忙顧孩子的時候，他們都會太寵他，讓我很困擾。」

這些都是很常聽到的事。

尤其是負責育兒的母親，明明自己在嚴格教育孩子，卻因為其他人寵溺孩子，導致教育方針無法貫徹而備感壓力。

「因為老公寵孩子，所以孩子黏他，而我則成了壞人。」

我非常能理解這種不滿的心情。

其實我也常常被老婆念。

「我在嚴格教育孩子，你只是想自己當好人而已吧。」

因為工作的關係，我每天都很晚才會到家，與女兒們相處的時間很短暫，所以根本沒辦法嚴厲對待她們。我也知道自己對孩子太好了。因此我們夫妻經常討論育兒的話題。

我看過許多非行少年的父母，根據這些經驗來判斷，如果只是一個人扮黑臉、一個人扮白臉的情況，其實並不會出問題。我反倒覺得這麼做的話，通常都可以取得良好的平衡。

成美的家人亦是如此，不管是誰，如果能有一個人站出來嚴厲教育成美，事情應該會有所不同。

「飼養寵物，就要負起責任照顧牠到最後。如果半途而廢的話，就不可以再飼養寵物了。」

如果有人認真地這樣對她說，她或許就不會重蹈覆轍。

重點在於家長要對彼此的角色有所認知。

意思就是要商量好「我們平常遵循這樣的規則，但是爺爺奶奶在的時候例外」之類的事情。舉例來說，平常規定一天只能喝一杯果汁，但是當奶奶來照顧孩子的時候，就可以喝到兩杯或三杯。如果可以這麼想，就不會感到有壓力，孩子也不會覺得混亂。

這一點是很重要的。奶奶作為這樣的角色，保持著平衡。偶爾寵孩子一下是完全沒問題的。如果有制定規則，可以請大家共同遵守，並設定例外情況。

在某種程度上靈活思考是很重要的。要是把方針定得太死，父母與孩子都會喘不過氣。

很多人都不會與其他家庭成員溝通，只在內心默默地想：「受不了，他都無視我的規則，寵壞孩子！」要是育兒方針變來變去，每個人說的都不一樣，孩子也會感到混亂。

無論是親子之間，還是夫妻之間，都不能認為「不用說對方就會明白」。不要在沒有溝通的情況下，心想對方「為什麼連這種事都不懂」而累積壓力，必須要好好傳達、彼此溝通討論。

如果你因為伴侶或祖父母太寵孩子而感到困擾，就要告訴他們：「我想用這樣的方針教育孩子。」並且在此基礎上，與對方討論怎麼做才能取得更好的平衡。要是能做到這一點，就會比所有人都溺愛或所有人都嚴厲的狀況好上許多。

一不小心就會溺愛最小的孩子

目前為止，我們都在談論偏向溺愛型教養會引發的危險，不過應該還是有人會「一不小心就溺愛孩子」吧。

因為愛孩子，所以有可能一不小心就太過寵溺孩子。並不是所有從父母角度出發的「溺愛」都是不好的，只是程度的問題。像前面案例那樣過度偏向溺愛型的教養方式會造成危險，但是大多數的父母多多少少都有寵過孩子。

最常聽到的狀況是父母特別寵愛老么。第一個孩子對父母來說，是第一次的育兒經驗，所以會有緊張感，認為自己必須負起責任好好教育的想法也更強烈。父母會去學習大家推崇的育兒方式，依照這個方式帶小孩，或是管得比較嚴。

相對地，面對第二個以後的孩子，緊張感會降低。因為父母已經從經驗中獲得了自信，這是很正常的。父母會有一種「大概到這種程度就行」的感覺。

因此，大部分的父母都會覺得自己「比較寵排行靠後的孩子」，但這是很正常的狀況。大家應該**是因為想要盡量保持公平，才會自己察覺「一不小心太寵弟弟／妹妹」這件事**吧。有這種認知是很重要的。

當然，兄弟姊妹之間養育方式差距太多是不好的。對孩子而言，出生順序不是他們的責任，被要求「因為你是哥哥（姊姊）所以要忍耐」，根本是躺著也中槍。不管孩子的個性就強硬要求他扮演某種角色，是會出問題的。不需要刻意製造差別。

面對無論如何都會產生的差別，要採取行動去彌補。不妨偶爾給自己定幾個寵哥哥、姊姊的日子吧？

此外，從容易受寵的弟弟、妹妹角度來看，有時候他們也會覺得「自己不受期待」。過度的期待是沉重的負擔，但感覺到自己不受期待也是很難受的。請大家積極地告訴孩子：「我想和你一起規劃將來並支持你。」

第4章

因為缺愛而失控的孩子——忽略型容易遭遇的危險

彩乃的案例

罪狀

違反賣春防止法
與身為地痞集團成員的男朋友共謀，介紹被害女性去賣春。

彩乃出生於雙薪家庭，父母兩人都是工作狂。父母親是中學的同班同學，據說他們在同學會上重逢時，聊工作的話題聊得非常熱絡，因此開始交往。

彩乃的母親認為業務是自己的天職，得知懷孕時，腦中第一個浮現的是「工作非請假不可了」這個不安的念頭。要是有了空窗期，就會影響到升遷。其實她一直都不想要小孩。她心想，也許生下來之後心境會改變吧，然而並沒有。於是她選擇立刻回歸職場，從早工作到深夜。

父親也對孩子不感興趣。他本來就經常出差，平日幾乎不會回家。即便偶爾回家，也會說著「要應酬」而出門去打高爾夫。就算是彩乃的生日也一樣。問他女兒現在幾歲，他也沒辦法立刻答出來。

彩乃的父母正是所謂的「power couple」，兩人的收入都很高。母親認為：「我要工作，當然沒辦法做家事。」因此幾乎不管家裡的事，不過她會使用家事代行等各種服務，因此家中狀態維持得很好。

而且，雙親也不會用否定的態度或具有攻擊性的態度對待彩乃。

「小心車子。」

「要跟朋友好好相處。」

「有什麼想要的就去買。」

他們以為對孩子說了這些話，就等於「盡了為人父母的責任」。

然而，彩乃的問題行為很快就出現了。

彩乃的案例

首先是在小學不守規矩。忘記帶作業就不用說了，她連基本生活習慣都沒有培養好，例如沒說開動就直接開始吃飯等等。她也經常與朋友發生衝突，「不遵守先後順序，直接插隊」、「不考量對方的感受，說出傷人的話」這類事情頻繁發生。

小學三年級的時候，彩乃從公園的單槓摔下來，受了傷。她看著血淋淋的膝蓋，心想：「這樣媽媽就會注意我、擔心我了。」因此她盡量讓傷口保持原狀，等待母親回家。

「媽媽，妳看！我今天在公園摔倒，流了好多血喔。」

從玄關走進來的母親瞥了一眼彩乃，邊脫外套邊說：「這種程度的傷誰都受過。要確實消毒喔。」

彩乃感到失望不已。父母不會幫助自己，沒有人在乎自己。

十四歲時，彩乃因為竊盜而進入少年鑑別所。

「我不覺得自己做了壞事。是把錢亂放的人有錯吧。」

面對少年鑑別所的職員，彩乃只會說這一句話，問她任何問題她都不回答。就連「妳叫什麼名字？」這種確認身分的問題，她也不理睬，只是一味地瞪著職員。

不過，當我們說有人要來見她時，她立刻抬起頭問：「是誰？」以為是母親來找自己了。聽到職員口中說出班導的名字時，她非常失望。

「我誰也不想見。」

她如此說道，並拒絕了接見。

由於這次是初犯，彩乃不久後便以「保護觀察處分」的名義被釋放回家了。

第二次進入少年鑑別所，是在她十九歲的時候。原因是服用安非他命。與同齡人處不來的彩乃在因緣際會之下認識了指定暴力團的成員，兩人開始交往。後來她為了提高性興奮度而服用男子所持有的安非他命，於是遭到逮捕。

這次她的雙親前來探視了，但是彩乃拒絕接見。

職員與她的雙親面談時，他們很常說：

「我們有讓她好好吃飯，也會買衣服給她。還有個像樣的家。」

「從來沒有讓她缺過錢。」

「我們沒有虐待孩子，也不會過度干涉。」

「從小時候開始，我們就很尊重她的自主性。」

後來家庭裁判所判定彩乃「需保護性高」，意即對照彩乃的性格和環境後，判斷她將來可能會再次犯案，但是因為她還沒對安非他命上癮，而且是被成年男子引誘而犯行，所以判處先暫時看看狀況的「試驗觀察」。

彩乃再次被釋放回家。

過了一陣子，當彩乃滿二十歲的時候，她開始在酒店陪酒。她用冷漠的態度營造出「女王形象」而大受歡迎。

然而，不管在店裡多受歡迎，彩乃的內心依然寂寞不已。後來是多虧了一個名叫凜斗的經理，她才得以忘卻那份寂寞。凜斗工作非常幹練，而且總是不分男女、平等對待店裡的每個員工。彩乃在不知不覺間喜歡上了凜斗。

有一次彩乃身體不舒服，請假在宿舍睡覺，凜斗前來探望她。

「還好嗎？我買了藥過來，吃個藥好好休息吧。」

彩乃淚流不止。凜斗溫柔地攬住低聲哭泣的彩乃。

彩乃與凜斗變熟之後，得知他也是一個在家裡一直感到很寂寞的人。他說自己在遭到忽略的狀態下長大，所以難以適應社會。

其實，凜斗是「地痞」組織的成員。很多地痞集團成員都有著類似的成長經歷。不過度干涉彼此，而且可以只在想賺錢的時候利用組織，這就是凜斗中意這種組織的原因。

凜斗在當酒店經理的同時，還故意讓在店裡工作的女孩子欠下高額債務，再介紹她們去賣春，從中牟利。他對店裡的女孩子很溫柔，花言巧語地哄騙她們為自己花錢，等她們欠了一大筆錢，就讓她們去賣春。

彩乃完全中了凜斗的招。不知不覺間，彩乃就債台高築了。

「怎麼辦？再這樣下去我要破產了。」

當彩乃不安地顫抖時，凜斗邀請她一起幫忙拉皮條。彩乃完全沒有理由拒絕。

於是彩乃開始做起皮條客，最後遭到逮捕。

解說：何謂忽略型？

忽略型的父母不怎麼關心孩子，以自己的生活為中心。他們認為只要保障孩子的食衣住，就盡到為人父母的責任了，但深處是缺乏愛意的。

就算物質生活沒有問題，孩子依然會陷入**情感匱乏狀態**。產生強烈的**被害感**和**疏離感**，無法認為自己是重要的。

由忽略型父母養大的孩子通常都沒有獲得良好的管教，不擅長團體行動。缺乏**溝通能力**，經常引發人際方面的糾紛。

也有在家庭以外的地方尋找自己的歸屬，因此走向非行的案例。

乍看之下似乎有盡到為人父母的義務

彩乃的雙親都過著以工作為中心的生活，毫不關心孩子的教養，抱持著保障食衣住應該就不會有任何問題的態度。

實際上，他們家經濟條件寬裕，生活上沒有任何困難。雖然沒有親手做菜，但父母也為她準備了營養的食物，讓她住在舒適的家裡。表面上也會說一些一般父母會說的話，比如「小心車子」、「要跟朋友好好相處」、「有什麼想要的就去買」之類的。不會對孩子動手動腳，也不會怒罵孩子，雖然忙碌，但乍看之下還是個安穩的家庭。

忙碌的雙薪家庭家長可能會覺得：「我們家的狀況是不是跟這個有點像……」但是，其中有一個決定性的不同，那就是嫌麻煩而不聽孩子說話。並不是因為忙碌所以說「等一下再聽」，而是完全沒有要聽。因為不關心孩子，所以總是以自己為優先。

最代表的就是彩乃從單槓摔落受傷的事件。孩子心裡期待著「這次媽媽就會聽我說話、擔心我了」，結果卻馬上遭到背叛。她當時應該非常受打擊吧。彩乃曾詳細地講述這件已經過了十年以上的事情。

第一次進入少年鑑別所的時候也是這樣。父母都不來探視。他們沒有把彩乃的問題行動視為SOS訊號，反而是一副「又給我惹麻煩了」的反應，基本上都以無視的態度對待彩乃。

更生之路險阻的非行少年

我覺得由「忽略型」家長養育的非行少年是最難更生的。即使在少年院依循更生計畫接受教育，為了回歸社會而努力，出了少年院，又要回到原本那個家。忽略型父母尤其難以改變，依然像以前一樣對孩子漠不關心，也不會提供支援。當情感匱乏之狀態的孩子需要依靠的時候，是無處可依的。

最後他們就會去依靠不適當的地方，比如與犯罪有關的團體等等。彩乃就是去依靠了幫派成員、地痞集團成員，於是再次被捲入犯罪，回到少年院或監獄。

如果身邊沒有人支持，非行少年的更生會相當困難。我作為少年鑑別所的職員前往少年院進行「**處遇鑑別**」的時候，也實際感受到了這一點。

「處遇鑑別」是為了評價少年院裡的非行少年的教育狀態，而進行的面談、心理測驗、行動觀察等一連串心理分析。一開始是以在少年鑑別所做的心理分析為基礎，制定教育計畫，再於少年院實際執行，過了一段時間之後要去審查其成果。目的是檢討當初制定的教育計劃執行得是否順利、是否有需要修改的地方等等。

我覺得這時候的非行少年會出現很大的變化。

與入院前相比，他們會變得比較能夠以客觀視角看待自己。會發現問題，並想要去改善，也會萌生回歸社會後想要做些什麼的想法。不過，快要到釋放的日子時，他們心中的恐懼就會增強。不少少年都會說：「我不想出去，想要多待在這裡一會兒。」這是因為他們「對於回到那個父母身邊感到不安」、「對於回到那個環境感到擔憂」。

當然，我們也會預想回到原來環境時可能發生的事情，並對此進行訓練。

比如說，不小心遇到地痞集團的成員，被對方搭話的情況。

「真是辛苦你了。你的家人還是一樣都不理你吧？我介紹工作給你，跟我來吧。」我們會讓少年進行角色扮演，試著實際回應。當手臂被對方抓住時，試著做出甩開的動作。

反覆進行好幾次這樣的訓練，幫助他們建立自信，相信自己有辦法解決各種困境。即便如此，現實還是很殘酷。如果身邊沒有人願意傾聽他們的煩惱、提供支持，他們就有可能走回頭路。

父母容易陷入行為者—觀察者偏誤

「我們都已經做了這麼多了，孩子還自己跑去做壞事。」

忽略型的父母總會這麼說，彷彿是在抱怨孩子給自己添了麻煩。

會惹出麻煩，原因出在孩子自己身上。他們會認為是性格或價值觀這類孩子的精神層面出了問題，或者孩子能力差的關係，完全不覺得原因出在自己身上。

這是一種「**行為者—觀察者偏誤**」。我們傾向於把他人的行為歸因於那個人的人格特質，而把自己的行為歸因於環境等外部情境。

「孩子就是因為這種性格才會鬧出問題，我無法盯著他是因為工作太忙，我也沒辦法。」

人們會下意識這麼想。但是，冷靜思考一下就會覺得事有蹊蹺。無論是他人的行動還是自己的行動，應該都會同時受到人格特質和外部情境影響才對。

若是有著嚴重的「行為者—觀察者偏誤」，父母就不會針對孩子的不當行為或問題行動進行深入的內省。雖然會因為社會眼光而表現出有在反省的樣子，但如果沒有真正去面對自己，問題依然無法解決。

不關心孩子的父母是如何生活的——彩乃雙親以外的案例

彩乃的雙親是以工作為生活中心，但是也有的父母是以興趣和玩樂為中心，對孩子漠不關心。沉迷於酒精、小鋼珠、賭博，三天兩頭不回家，抱持著有放錢在家裡就完事的態度，連食物也不幫孩子準備。

孩子在四、五歲的時候，就已經學會叫外送。自己打電話給店家，點拉麵或蕎麥麵。店家也逐漸習以為常，接到電話立刻就知道「哦，是某某人家」。

因為父母沒有對孩子施加暴力，也沒有不讓孩子吃飯，所以周遭的人也難以介入這類問題。

前面案例提到的凜斗，就是成長於這種類型的「忽略型」家庭。雖然他健康地活了下來，但似乎很難適應社會。凜斗接近彩乃是為了錢。他是為了利益才溫柔待人，並不是真的擔心彩乃。不得不說，他心底深處還是缺少了一些東西。

何謂情感忽視？

彩乃的父母在面談時說「我們從沒虐待過孩子」。但是「忽略型」父母那種沒有帶著愛意對待孩子的態度，其實稱為「情感忽視」，也算是虐待的一種。

讓我們來稍微了解一下虐待吧。

根據厚生勞動省的定義，虐待分為以下四個種類。

■身體虐待

拳打、腳踢、敲打、摔落、激烈搖晃、使人燙傷、溺水、掐脖子、用繩子之類的物品將人拘束在房間……等等。

■性虐待

對孩子進行性行為、讓孩子觀看性行為、觸摸孩子性器官、要求孩子觸摸自己的性器官、拍攝色情影像……等等。

■忽視

把孩子關在家中、不給飯吃、讓孩子變得非常骯髒、把孩子放在汽車內、生重病也不帶去看醫生……等等。

■精神虐待

言語威脅、無視、對兄弟姊妹差別待遇、在孩子面前對家人暴力相向（家庭暴力）、對兄弟姊妹施加虐待行為……等等。

「情感忽視」被歸類在「忽視」之下，指的是「不給予愛」、「不表示關心」、「不同理孩子的感受」等等疏於照顧孩子情緒的行為。

這對孩子來說是非常痛苦的，但是周遭的人不容易理解，也非常難以介入。就像彩乃的父母一樣，「忽略型」的父母會說：「我有讓他好好吃飯，也有讓他去上學。他想要什麼，我也會買給他，讓他過著什麼都不缺的生活，我到底有什麼錯？」

對於孩子的不當行為或問題行動，則表現出一副都是孩子自己變壞，和自己一點關係也沒有的態度。要讓他們關注孩子的行動這件事本身就很不容易。

就算告訴他們：「你現在的行為是情感忽視，請改正。」他們也不可能突然對孩子產生愛意。

為什麼無法愛孩子？

彩乃的父母是因為「意外懷孕」而結婚的。夫妻倆都不想要孩子，但因為意外懷孕，才決定成為家人。孩子從一開始就是個「累贅」。

另一方面，「奉子成婚」也是發現懷孕後才結婚，順序與「意外懷孕」一樣，但奉子成婚的當事人是同意有小孩，有打算未來要生小孩的。想要孩子或不想要孩子，會造成極大的差異。

當然，年輕的時候覺得自己不擅長面對小孩，實際為人父母後卻非常疼愛小孩的人占了大多數。不需要過度擔心「我過得了以小孩為中心的生活嗎」、「要是自己虐待孩子怎麼辦」，基本上都會船到橋頭自然直。

然而，確實有一定數量的人就算實際生了孩子，還是無法對孩子產生感情。其中一個可以推測出的理由，就是家長本人是在沒有愛的環境下長大的，因此難以產生情感連結。

眾所周知，「**虐待的連鎖**」很容易發生。之所以會把小時候父母養育自己的方式套用在自己孩子身上，是因為不知道還有什麼其他的方式。此外，我認為另一大因素是家長本身也還沒有被療癒、還沒有恢復。這個問題光靠家人很難解決，必須仰賴專門機構的心理諮商。

圖6　兒童虐待諮詢處理件數的推移

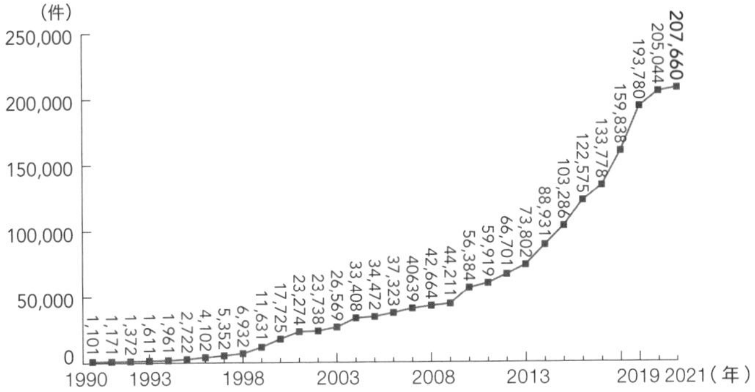

出處：令和3年度兒童諮詢所的兒童虐待諮詢處理件數（厚生勞動省）

虐待案件增加的原因

根據厚生勞動省的資料（圖6），兒童諮詢所收到的兒童虐待諮詢案件數持續增加，二〇二一年就有二十萬七千六百六十件。而最多的是心理虐待，共有十二萬四千七百二十四件，約占六成。

會什麼虐待案件會不斷倍增？

第一個原因是，過去虐待被視為家務事，現在「虐待是犯罪」的認知已經普及，會被視為社會事件來處理。尤其是「兒童虐待防止法

（兒童虐待防止等相關法律）」從二〇〇〇開始實施後，法律的整備也更臻完善，二〇一九年的修法明文禁止體罰，也強化了兒童諮詢所的介入功能。

同時，由於社會環境的變遷，只由一名家長擔起育兒重擔的情況增加了。單親家庭、貧困、獨自育兒等等，當家長自顧不暇時，就會波及到孩子。

孤獨育兒是很危險的

育兒有時候是很孤獨的。

育兒本來就會一天到晚遇到不順心的事，感到煩惱、失去自信的狀況也是屢見不鮮。在這種情況下，夫妻兩人一起討論、找值得信任的人商量、接受附近人們的幫助，才有辦法堅持下去。

過去比較能夠依靠整個社區的力量來育兒。要是附近的孩子做了壞事，會有人理所當然地訓斥那個孩子；看見有孩子遇到困難，上前搭話或提供協助也是非常普遍的事。以前的人們具有社區居民一起照看孩子，有困難時互相幫助的價值觀。

然而，隨著都市化、核心家庭化，現在已經很難這麼做了。如今是看到「附近有可怕的阿伯」，民眾就會報警的時代。用和善的態度地向人搭話，也可能會被當成可疑人物，所以很難隨意向人搭話。而且，能夠依靠的父母或兄弟姊妹可能都住在很遠的地方。因此現代父母只能獨自扛起育兒的一切責任。

其實，我的雙胞胎女兒有一段時間是由共同體養育的。從她們小時候，一直到小學三年級左右，我們生活在東京拘置所的官舍，而那裡屬於現代已經非常少見的村落社會，大家都知道誰在哪裡做什麼，是一個與其說是「家」，不如說是由整個社區一起養育孩子的環境。

當我工作到深夜才回來的時候，經常找不到老婆和小孩。她們會去同樣位於官舍區域內的朋友家玩，大家一起吃飯，借用浴室洗澡，最後就直接睡在人家家裡。那時，各家妻子會聚在一起大談育兒經。因為彼此就像家人一樣，所以不會有所顧慮。在這個地方社區中，我的女兒們在大家的幫助下被養育成了可靠的人。

社區居民總是在我不知道的時候默默地協助我，真的非常感謝他們。這份經驗讓我體會到了共同體育兒的好處。

社區有時候不會這麼順利，可能也有困難的一面，但我認為，**最危險的狀況還是孤獨育兒**。

因為一名家長所承受的負擔過於沉重，有時候會撐不下去。如果被困在家庭這個封閉的世界，又找不到人商量的話，矛頭也可能會指向孩子。

另外，育兒環境愈是孤獨，先前提過的「確認偏誤」就會愈強烈，容易導致教養態度偏差。因為育兒方式不會被其他人看見，所以會以為自己的育兒方式是正確的，沒有發現其他方法，最後造成的結果還是會殃及孩子。

雖然現代很難由社區居民共同養育孩子，但附近肯定會有某些社區，比如兒童館這類親子空間、行政單位提供的育兒諮詢場所、社區的育兒社團之類的。如果找到適合自己的地方，精神上的負擔應該會減少許多吧。對孩子來說也很好，可以交到新朋友、與父母以外的大人說話。希望大家多多利用這類場域。

為什麼孩子會走偏？——逃避虐待與心理距離

許多非行少年都是受過虐待的孩子，為了逃離虐待而走偏的案例也屢見不鮮，這就稱作「**逃避虐待非行**」。不只是離家出走，也包含為了獲得離家的資金而偷取家中財物或是順手牽羊等等。

光是這樣還沒結束。最初的目的淡化後，非行行為會逐漸正式化。目的會轉變成為了玩樂而不回家、為了追求錢財或刺激而反覆竊盜等等，變成追求刺激與快感的非行。

對他們而言，比起待在家裡，待在非行集團裡心靈會比較安定。雖然只是彼此互舔傷口的關係，但還是比家裡好。他們會用比逃避家庭更積極的態度參與非行集團。

以前曾經針對全國少年鑑別所內的少年進行過「**心理距離**」的調查。透過一種名為ＳＤ法的心理學手法，調查他們與父親、母親、兄弟姊妹、朋友的心理距離後，發現他們與朋友的心理距離比家人更近。

我是覺得，一個正常家庭會讓孩子產生「家人會了解自己、認可自己」、「什麼事情都可以和家人商量」的感覺，但對他們而言並非如此，反而比較信賴、重視非行集團裡的夥伴和好友。

想像成日本幫派應該會比較容易。日本幫派會建立連結緊密的「模擬家族」，其中成員為了家人什麼都做得出來。

我也對很多幫派成員進行過心理分析，經常看到他們帶著仰慕之情以「老大」稱呼組長。組長會像家長一樣指導他們，讓他們覺得很開心，於是說出：「為了這麼照顧自己的老大，我什麼都願意做。」根據場合，甚至會有人自告奮勇擔任殺手，獨自前去襲擊敵對集團。

加入非行集團的少年們都知道這個集團在做壞事，也知道自己在做危險的事。但是和家裡相比，還是這裡更好。我也不是不懂他們的這種心情。

在情感匱乏狀態趁虛而入的「犯罪邀請」

若是在無法獲得家長足夠愛意的狀態下長大，情感匱乏的狀態就會持續下去。**當處在情感匱乏狀態時，會對再普通不過的溫柔行為產生過剩反應**，容易強烈地被某個人吸引。

話說回來，由「忽略型」父母養育的孩子通常都有人際交流方面的問題，這一點更加強了「沒有人願意理我」的孤獨感。如果在這種時候對他好的話……由於他們的社會視野比較狹隘，甚至可能產生「我只有這個人了」、「為了這個人我什麼都願意做」的想法。

看在專業罪犯眼裡，他們是非常好掌控的對象。

只要說幾句好聽話，扮演他的模擬家人或模擬情人，在關鍵時刻就可以利用他執行犯罪。

多麼可悲啊。

我在少年鑑別所進行心理分析時，遇過好幾名以這種模式走偏的少年。他們承認非行的事實，並說「自己並不後悔」。因為這是為了戀人做的，相信這麼做能幫上自己的戀人。他們應該很難承認自己「被利用」了吧。

在我看過的案例之中，有人為了男朋友而成為器官買賣的共犯。那個溫柔對待自己的男／女朋友，其實在做著器官買賣的工作，把小孩的器官賣到外國。

一般人知道這件事之後，應該會覺得很可怕而逃跑或做些什麼吧。然而，她卻選擇幫忙男朋友。

「因為我不想被拋棄。」

她是這麼說的。即便知道這是嚴重的犯罪，但因為不想被愛人拋棄，所以還是選擇了幫忙。

於是她成了男友的手下，被要求幫忙進行危險的工作，最後遭到逮捕。

我深深覺得，這種事真是天理難容。

如何讓孩子脫離不良團體？

如果有孩子加入了非行集團、犯罪團體，要怎麼做才能讓他從中脫離呢？

「這是不良團體，給我退出。」

這是一句毫無意義的話。

許多少年都清楚知道自己在做壞事，而且覺得就算被捕也無所謂。

重點是要去分析孩子在該團體中追求的是什麼。在監獄進行脫離幫派的指導時，我們會透過面談仔細了解對方「**加入幫派的原因**」。有人是為了追求權威，也有人是在尋找歸屬，還有一些人追求的是模擬家族。

因為該幫派裡存在他正在追求的東西，所以很難脫離。實際上，要讓一個人跫固脫離幫派的想法，需要花上好幾年。聽對方傾訴、認可對方、鼓勵對方進行內省，接著再聽對方傾訴……如此不斷重複，才有可能讓對方跫固想法。

非行集團也是一樣。**他們在那裡追求的是什麼？**如果不理解這一點，就無法幫助他脫離集團。

新出現的組織——地痞集團

前面案例提到的凜斗是地痞集團的成員。地痞集團（日文為「半グレ」）不像幫派具有明確的組織劃分，是一種以集團進行犯罪的新興組織。本來大部分的地痞集團是由暴走族延伸出來，形成組織的，但現在暴走族本身已經式微。而在地區性不良集團慢慢擴大勢力範圍的過程中形成組織的地痞集團則增加了。

幫派是以組織為前提成立的，而地痞集團基本上是以個人身分集結在一起。他們是為了個人目的而犯罪、為了行事方便而利用組織。這是因為，讓別人知道自己背後有個可怕的組織是很重要的，但他們並不是在為組織賺錢。

兩者都是反社會組織，做的事情看起來也一樣，但是地痞集團的成員與幫派成員所追求的東西是不一樣的。像凜斗一樣認為地痞集團比較好的人，雖然也是在追求權威和歸屬，但會覺得幫派那種模擬家族的組織很麻煩。

另一方面，幫派成員則表示「絕對不想加入地痞集團」。因為許多幫派成員所追求的，是獲得老大或大哥的認可，並且受到他們照顧，而自己則為了組織賣命這種相互關係。

近年來，幫派成員的人數一直在減少。一部分的原因應該是取締變得嚴格，待在幫派沒辦法餵飽自己吧。同時，我覺得另一部分是因為，現在的人已不再那麼追求幫派內部關係，**更多人追求的是像地痞集團那樣，以個人身分集結的鬆散組織。**

實際上，地痞集團的成員正在增加。不過他們和幫派不一樣，組織成員並不明確，不知道彼此名字的情況也相當常見。雖然一起組隊進行強盜，但不知道彼此是誰也很正常。也許就是這種高度的匿名性讓他們感到自在。

警察也將地痞集團認定為幫派的一種（準幫派），可以對其提出指控。據說他們已經掌握了約四千名地痞集團成員，也有在收集情報。不過，現在還很難明確掌握組織成員的範圍。

失去他人信賴也無所謂的人們

警察的工作是指控案件、找出嫌疑犯，因此警察當然會為了撲滅犯罪而在這方面投注許多心力。做了壞事一定會被逮捕是很重要的一件事。有人認為犯罪預防的前提是「如果覺得被捕的可能性很高，應該就打消犯罪的念頭」。

然而事實上，也有一定數量的人覺得「被捕也無所謂」。

我長期以來都用「**風險與成本**」的方式來看待犯罪預防。風險是因犯罪而被捕的可能性高低，而成本則是無論被捕與否，因為犯罪而失去、犧牲的東西之重要性。

社會地位和信賴也是如此，家人、朋友、老師、社區人們等等，失去信賴關係是很大的成本。在正常情況下，家人會是最大的成本。就算有犯罪動機，只要腦中浮現家人的面孔，想到「這樣會讓他們難過」，應該就會打消犯罪的念頭。

然而，對於由極端忽略型的父母養大的人來說，比起家人，他們的成本是「拯救自己的人」。如果對方是幫派或地痞集團成員的話，他們就只能參與犯罪了。

把脫序行為發到社群平台上的年輕人心理

最近接連發生有人在餐飲店等處做出脫序行為，並將其拍成影片上傳到社群平台，因而遭眾人撻伐，引發問題的事件。包括在迴轉壽司連鎖店直接用嘴巴碰觸醬油瓶、在KTV裡直接用嘴接冰淇淋機的冰淇淋吃這類令人感到極度不快的影片，還有用打火機對KTV的消毒噴罐點火等危險行為的影片，這類罪行數不勝數。

此外，也有很多對遊民惡作劇並以此為樂的影片被上傳到網路，引發問題。攻擊社會上的弱者是不能原諒的行為。

這些脫序行為的影片會在很短的時間內流傳開來，當事人也會被肉搜出來。為什麼他們要故意讓社會大眾知道自己的脫序行為呢？

其中有些人只把這種行為當成朋友之間「瞎起鬨」的延伸，根本沒想到會流傳得這麼廣，鬧出大問題。雖然脫序行為本身就不對，但也能從中感覺到他們對社群平台的認知過於淺薄。本來只打算傳給朋友看的東西，一旦被節錄並放上網流傳，就會一口氣傳開，難以阻擋。

當然，也有人原本的目的就是要讓它流傳開來，讓很多人看到。為了賺取點閱數而將脫序行為拍成影片的脫序型YouTuber就是如此。他們認為觀眾看了會感到不快的脫序行為影片能夠為自己迅速賺取到點閱數。

無論是哪一種，都能看出他們背後扭曲的自我表現慾。為了求表現、為了成為話題而不擇手段的行為已經不太正常了。

之所以會產生扭曲，是因為受人認可的需求沒有健全地得到滿足。如果在家中感受到足夠的愛、受到認可，應該就不會想故意做壞事來引人注目。

我並不是要把一切都歸因於家庭問題，只是認為在扭曲的自我表現慾背後，藏著成長過程中「沒有受到認可」這個因素。

此外，媒體在傳達這些問題的時候，通常都會使用「脫序行為」一詞，但我認為這個說法不太好，因為這種行為是實實在在的犯罪。以迴轉壽司連鎖店「壽司郎」為首，許多企業都表示會針對自身蒙受的損害，以刑事、民事雙管齊下，嚴格處置（威力業務妨害罪、器物損壞罪、賠償責任等等）。

這不是說一句「這只是我一時興起的惡作劇，對不起」就能解決的事。希望大家可以將這些引起社會譁然的新聞當作家庭教育的材料，告訴孩子：「絕對不可以做這種事，這是犯罪喔。」

「認可」能夠改變一個人

遺憾的是，真正的「忽略型」家長應該不會看這本書吧。會特地去購買（借）這本書，並花時間閱讀的讀者，一定是關心育兒的人。因此，我在撰寫本書的時候，認為雖然沒辦法直接讓「忽略型」的家長看到這本書的內容，但是也許可以讓他們身邊的人看到。

比方說學校老師或學童的老師等從事教育相關工作的人，他們通常會更容易發現問題。

實際上，我也經常耳聞得不到家人認可、交友關係也不順利而遭到孤立的孩子被老師拯救的案例。只要有人願意設身處地為自己著想，大多數人就會產生努力向前的動力。

我面談的對象都是非行少年，是已經走偏的孩子，但是我曾在談話過程中聽到他們說：「那個時候真的很開心，自己也覺得產生了努力的動力。」我想其中肯定有一些若是當初再得到多一點點的「認同」，就不會走上錯誤道路的孩子。

不只是老師，還有朋友或社區居民，若是有人願意理解並傾聽他們、給予他們認同，事情應該會有所不同。如此一來，他們或許就不會像滾落斜坡般加入非行集團，或讓扭曲的自我表現慾失去控制，而是會找到別的出路。

在我看過的案例中，也有人因為遇到好對象、兩人共結連理，而以非常快的速度重新振作起來。應該是那顆乾渴的心迅速地吸收了來自對方的愛吧。他的表情就像是完全變了一個人，之後再也沒有偏離正道。

不過，現實中這種案例非常少見。遇到好緣分是非常幸運的事。

可以找周遭的人商量的地方

由「忽略型」家長養育的孩子**自制力**低落，可能具有攻擊性、在人際交流方面有困難，傾聽他們說話並不是一件容易的事。

無論是學校相關人士、或者他身邊的人，都不要試圖靠自己解決一切，請向專家求助。

首先，如果覺得孩子疑似遭到虐待，必須盡快通報兒童諮詢所。我看過許多因為沒有通報或太晚通報而讓孩子成為被害者的事件。

大家也許會覺得「通報」聽起來很嚴重，因此感到卻步，其實只要把它當成一種諮詢服務就行了。專家會根據諮詢的內容提供建議、指導以及支援。也會視情況採取把孩子帶離家庭的措施。確保孩子的安全是第一要務。

▼兒童諮詢所虐待服務專線

會連線到居住地區的兒童諮詢所（24小時服務／免費通話）

189（日本適用）

如果是情感忽視的情況，周遭的人會非常難以察覺，問題點也不明確。前面案例提到的彩乃也是無法遵守小學的規矩，頻繁引發小問題。

若是遇到這種情況，則建議諮詢法務少年支援中心。

法務少年支援中心是設置於全國少年鑑別所內的諮詢窗口，任何人都可以利用。提供諮詢服務的職員擁有問題行動、非行與心理學等專業知識。

比方說，可以請教職員：「孩子班上有個會做出這種問題行動的同學，我不知道如何應對，請問該怎麼辦才好？」

也可以諮詢關於自己孩子的各種瑣碎煩惱，例如「我家孩子好像交了不太好的朋友，我很擔心」、「我家孩子似乎有時候會從家裡的錢包偷錢，該怎麼辦才好」之類的。孩子本人也可以前來諮詢。諮詢內容是絕對保密的，請大家放心。

也有提供線上諮詢服務，請各位帶著輕鬆的心情致電詢問。

▼**法務少年支援中心諮詢專線**

週一至週五的早上九點至下午五點（國定假日除外／免費通話）

０５７０（０８５）０８５（全國共通，然屬日本法務省）

「放置」與「放任」是不一樣的

到目前為止，我們談論的內容都是以極端的「忽略型」為主。即便沒有達到本書解說的程度，應該還是有「輕微忽略型」或「偶爾忽略型」的人存在吧。

也有人會說：「我們家採用放任主義，讓孩子自由發展。」

讓我們來確認一下「**放置**」與「**放任**」的差異吧。這是很關鍵的問題。

「放置」與「放任」看起來很像，但是意思完全不同。「放任」的前提是信任。信任孩子，讓孩子自由發展的養育方針即為放任主義。

在採用放任主義的育兒方式之前，必須要好好教導孩子安全相關事項和社會規範。一個人在社會中生活所必須遵守的最低限度規則是一定要教的。有這樣的基礎之後，信任孩子，讓孩子自由發展是一件非常好的事。這會大大促進孩子的成長，因為孩子可以放心地去挑戰各種事情。

另一方面，「放置」則是對孩子漠不關心，置之不理。該由父母該來教的事情通通不教，只顧自己的狀態。由於父母沒有教導孩子社會規則、常識、用字遣詞、禮儀等等，因此孩子會無法融入人群、適應社會。

前面案例中的彩乃雙親一直聲稱他們是「尊重孩子的自主性」，但那不過是為自己找的藉口。父母什麼都沒教，孩子怎麼可能自動變得什麼都會。

舉例來說，當孩子在學校遇到老師或朋友都不會打招呼，用沒禮貌的語氣單方面對老師講自己想講的事，而父母卻主張「讓孩子自由發展」，不進行任何指導的話，孩子肯定會在將來某一天碰壁。

聲稱自己是「放任主義」、「讓孩子自由發展」的人，要確認一下有沒有把基礎建立好，這是非常重要的一點。

請各位捫心自問，有沒有用放任這句話為自己的忙碌找藉口？

如何養育出能夠團體行動的孩子？

在適應社會之前的一大課題就是團體行動。依據特質，有些孩子擅長團體行動，而有些孩子不擅長，但即便不擅長，我們還是會希望孩子能想辦法做到沒有大礙的程度，對吧？

不擅長團體行動的一大因素是**自制力**低落。

顧名思義，自制力就是控制自己的能力。也就是抵抗誘惑、控制情緒和行動的社會技能。大多數非行少年、罪犯的自制力都很低。沒辦法好好控制自己，就容易做出衝動、未經思考的行動，而這些行動會關係到非行、犯罪。

據說六歲到八歲時的家庭教育會大幅影響一個人的自制力。這正好是上小學，正式展開社會生活的時候。在這段時間，孩子會開始能夠理解並遵守規則。

舉例來說，孩子會知道要靠路邊走而不會走在路中間、過馬路要走斑馬線、還沒有付錢就不可以拆開想要商品的包裝、不可以搶走朋友的東西等等，而且也能夠好好做到。

這些規則孩子沒辦法靠自己學會，必須由家長來教。

吃營養午餐的時候，要說完「我要開動了」再吃，這也是因為孩子在家學到各種規矩才做得到的。如果沒有學會規矩，孩子肚子餓的時候就會直接吃掉放在眼前的食物。尚未觀察周遭環境，就直接依循自己的慾望行動。父母必須教導孩子：「一個人的時候沒關係，和大家在一起的時候不可以這樣。」

不要認為這是理所當然的事而輕忽它，要仔細教導孩子。在這個過程中，孩子會慢慢學會如何控制自己，逐漸提升自制力。

就算只是最低限度也好，只要孩子學會遵守社會生活的規則，就能夠進行一定程度的團體行動。如此一來，孩子也比較不會覺得生活很艱難。

家人間的心理距離是關鍵

如今這個時代，應該有很多人是雙薪家庭，夫妻兩人都很忙碌，覺得與孩子相處的時間很少吧。也有的家庭因為父母其中一方派駐國外，一年之中能夠全家團聚的機會寥寥可數。

當然，可不能因為忙碌就置孩子於不顧。我在少年鑑別所遇到的家長，大多都會用「我一直都在為了孩子努力工作」這個藉口，來正當化自己疏於照顧孩子的行為。就算很忙、或者與孩子相處的時間很短暫，應該也能利用那段僅有的時間好好關心孩子才對。

重點是要拉近彼此的心理距離。就算物理距離很遙遠，只要互相關心，心理上就不會產生距離。

方法依家庭而異，不過只要能夠對孩子表達愛意，共度充滿溫情的時光，彼此的心理距離就會遠比身處同一個空間卻對孩子漠不關心的情況近得多。

不過，與孩子待在一起的時候，偶爾也會因為家事或其他要思考的事而忙碌不已，或是因為疲憊而沒辦法聽孩子說話吧。

遇到這種情況，別不耐煩地說：「所以呢？是怎樣？」要好好向孩子說明：「我現在在忙這件事，三十分鐘後再聽你說。」「最近工作太忙，我很累，想要休息一下。可以等我恢復精神後再跟我說嗎？」

不用解釋得太詳細，**但是只要簡單向孩子說明一下，孩子就會覺得「父母有在好好關心自己」。**這一點非常重要。

他不會一直忽略我，會對我說關心的話。

能讓人產生這種感受的家人，就是心理距離近的家人。

附錄

育兒四類型檢查表

這裡製作了一份可以讓大家參考本書介紹的案例，確認自己是否偏向育兒四類型某一邊的檢查表。

這個檢查表並非根據打勾數量來「判定」你處於「過度保護型、高壓型、溺愛型、忽略型」的哪一種狀態。我也刻意避免將勾選項目設計成每個類型都一樣多。因為這不是設計來讓大家勾選確認的檢查表。

我只希望大家把它當成審視自己育兒方式的材料來使用。

我建議夫妻一起進行確認。若是遇到打勾的選項，夫妻倆就針對該點進行討論，就算只有一個也好。

討論是最重要的。

■過度保護型檢查表

□會事先幫孩子解決應該由孩子自己面對的課題

□想讓孩子過得無憂無慮，不要受苦

□當孩子想要某樣東西，幾乎不會要他忍耐

□在日常生活中，一直幫孩子做他自己做得到的事情

・幫孩子整理換下來的衣服

・吃飯時幫孩子切肉或切魚

□代替孩子做他該做的學校相關事務

・幫孩子整理隔天上課要用的教科書，或幫孩子準備要帶的物品

・代替孩子維護工具，例如削鉛筆、幫平板充電等等

・在孩子自己拿出來之前，父母就打開孩子的包包，拿出要給家長的文件

・曾向其他家長確認過作業的問題

・曾幫孩子寫過作業　等等

□當孩子與同學吵架、發生爭執時，曾打算靠自己與對方父母解決

□為了避免孩子捲入危險，會檢查孩子的手機或平板

□就算是孩子可以一個人前往的距離，也要跟著去，例如接送孩子上才藝班

□搞不太清楚擔心和過度保護的界線
□享受被孩子依賴的感覺，希望孩子永遠待在自己身邊
□當孩子遭遇失敗時，通常會歸咎於他人或外部環境

■高壓型檢查表

□下達關於飲食的命令
・要多吃青菜，減少油的攝取
・要吃○○，不准吃○○（個別具體指示）等等
□下達關於運動的命令
・每天都要運動○小時
・要是不練習就不給你○○
・去○○，不准○○（個別具體指示）等等
□下達關於家規的命令

・要隨時報告
・要嚴守門限
・（當孩子已經就讀小學高年級以上，在不討論的情況下）不給零用錢　等等
□下達關於私生活的命令
・穿這件衣服
・（當孩子已有獨自外出的能力時）禁止未經允許擅自外出　等等
□下達關於讀書的命令
・要考出好成績
・要比別人加倍努力
・不准玩，去讀書
・不要想考試以外的事
・去讀〇〇，去當〇〇（指定個別具體的學校、職業）　等等
□如果孩子不聽話，就予以懲罰

□將自己的弱點、自卑之處投射在孩子身上
□比起孩子目標的適當性，更重視自己的理想

■溺愛型檢查表

□無法分辨「疼愛」與「溺愛」
□在飲食方面輕易聽從孩子的要求
・孩子想要多少點心與甜食，就給他多少
・優先考量孩子的喜好，而非營養均衡　等等
□在玩樂方面輕易聽從孩子的要求
・毫無節制地買玩具給孩子
・當孩子玩膩一個玩具時，立刻買新的給他
・毫無節制地買遊戲主機、遊戲片給孩子
・不限制孩子玩遊戲的時間，想玩多久就玩多久　等等

□在學才藝方面輕易聽從孩子的要求
・當孩子說想學某項才藝，未經審慎考慮，就讓他去學
・不斷重複讓孩子學才藝，膩了就放棄的循環　等等
□在零用錢方面輕易聽從孩子的要求
・每次孩子要零用錢都給他
・給孩子不符合年齡的高額零用錢　等等
□父母代替孩子照顧寵物
□在意孩子的心情，看孩子臉色
□對於孩子依存著自己一事感到喜悅，享受被孩子依賴的感覺（互累症）

■忽略型檢查表

□對孩子的成長漠不關心
□認為父母的義務就是保障孩子的食衣住

□對孩子說的話都虛有其表（樣板句型）
・要小心喔
・要和朋友好好相處喔
・有想要的東西就去買（買給你）　等等
□孩子有事找自己商量時會感到麻煩
□當孩子惹出麻煩時，認為原因出在孩子身上，父母沒有責任
□做出普遍被認為是虐待的行為
・曾對孩子拳打腳踢
・曾把孩子關在家裡、讓孩子處於骯髒的狀態、不給孩子吃飯
・曾罵孩子「白癡」、「要是沒生下你就好了」
・把孩子關在家門外　等等這四種類型也會用於非行少年心理分析
□覺得孩子會自己學會社會規則和禮儀，不教導孩子
□認為讓孩子自己學習很重要，就算孩子做錯事也不予以指導

終章

只要父母有所察覺，孩子也會改變

察覺是改變的第一步

前面談了這麼多危險育兒的話題，各位覺得如何呢？

雖然我說非行少年的背後原因是「育兒失敗」，但最重要的能夠重新出發。少年院的老師都是帶著希望非行少年可以獨當一面地活下去、相信他們能夠重新出發的心情在進行指導的。當然，犯了罪的事實並不會消失。然而，也不是「犯了錯人生就完蛋了」。最重要的是好好面對自己，回到正軌，往更好的未來前進。

少年院也會對家長進行指導。以前是只針對非行少年實行徹底的教育處遇，藉此幫助他們更生，但光是這樣，很多案例都無法順利更生。當事人為了改變而付出的努力就不用提了，連家人也得做出改變才行。即便當事人下定決心「以後要成為這樣的人，在社會上好好生活」，若是回到和以前一樣的環境，也很難維持下去。

那麼，各位覺得我們會進行什麼樣的指導呢？

我們會與對方見面好幾次，傾聽他們說話。少年院的老師在面對教養態度有偏差的父母時，不會說：「你這部分做得不好，請更這樣一點。」而是會問：「你是抱持這樣的想法才這麼做的，對嗎？」先接納對方。藉由接納，促使當事人覺察。若非如此，事情是無法改變的。

最重要的一點是，理解我們的教養態度或育兒方針會對孩子造成怎麼樣的影響。

並不是「我以前太寵孩子是不對的」或「當時完全沒問孩子錢要用在哪裡就隨便給他零用錢是不對的」，必須要去思考這樣的教養態度會對孩子造成什麼影響。透過這樣的分析，慢慢找到通往更好方向的路徑。不是要父母立刻改變對待孩子的方式，但光是有這份意識，就會產生很大的差別。

當父母改變了，非行少年也會穩定下來。離開少年院之後，幾乎沒有人因為再次犯罪而回來。

性格能夠改變嗎？

包含極端的案例在內，本書談論了許多關於非行與犯罪的話題。我想應該有人想到自己孩子的性格，因此感到擔心。

「我家孩子很容易發脾氣，行動力又強，真擔心他會不會去傷害人。」

「我家孩子真的很老實，又沒什麼主見，要是有人找他去做壞事，他搞不好會沒辦法拒絕。」

另外，或許也有人只是希望孩子能過得幸福，而覺得：「如果他的性格能變得更……一點就好了。」

那麼，孩子現在的性格是可以改變的嗎？

若以一言以蔽之，是可以的。

不過有幾個條件。

第一，作為性格根基的「**特質**」很難改變。特質是天生的，是一個人與生俱來的個性。

有些孩子從嬰兒時期就很活潑，充滿冒險精神；而有的孩子會安靜觀察周遭，慎重行事。

性格是以特質為基礎，再根據環境所形成的。其中一個環境就是父母的教養態度。對年紀小的孩子來說，與父母相處的時間占了大半部分，因此這可以說是最主要的環境。其他比如兄弟姊妹、祖父母、朋友、社區、居住環境、身邊有哪些東西等等，都會影響孩子的性格。性格是後天培養的，所以有可能改變。

第二，是關於改變性格的方法。父母總是容易關注孩子的缺點，首先要把這個習慣改掉。「你就是這種性格不好，不要再這樣了。」說這種話並不會讓事情往好的方向發展，反倒會變成一句詛咒，繼續強化孩子的這個部分。

若是因為擔心孩子「不經大腦、想到什麼做什麼」的性格，就對孩子說：「你總是做事不經大腦、想到什麼就去做，對不對？這樣很不好，做事情要更慎重一點。」

孩子的腦中就會被灌輸「我是一個做事不經大腦、想到什麼就去做的人」的觀念，下意識地採取去證明這句話的行動。

想要改變，就要把「做事不經大腦、想到什麼就去做」改成積極正面的說法，對他說：「你很有行動力，做事果決，真是厲害。」

各位或許會想：「這麼做的話，他想到什麼就做什麼的情況不會變本加厲嗎？」然而，性格往負面方面發展才是問題所在。**優點與缺點是一體兩面的。**若是把這種性格當成優點繼續發揚光大，不僅不會出問題，還會連結到正面的行動。

就結果而言，**性格是會改變的。**並不是轉變成慎重的性格，而是把行動力強的性格發揮在好的方向，學會思考該怎麼做比較好。

有一件事我非常想告訴各位讀者，而這件事我已經利用整本書的篇幅來表達，那就是只要父母改變，孩子就會跟著改變。

即便想著「希望孩子可以變得更有好奇心、勇於挑戰任何事」，我們也無法控制一個人的行動或想法。

不過，若是看到孩子害怕失敗的樣子，就要重新審視自己教養態度：「可能是自己為了避免孩子遭遇失敗，而代替他做了太多事。從今以後不管結果如何，我都要讚賞他勇於挑戰的態度。」我們可以改變自己的行動，而這種改變一定會影響孩子。

遇到問題修正就好

話說回來，「要是孩子的性格可以再……一點，應該會變得更幸福」這種想法或許也是一種偏見。孩子的成長和育兒這件事，都是沒有道理可言的。

最好的方式是先建立暫時的假說，然後邊做邊修正。懷著偏見一路埋頭猛衝是最危險的做法。我們會隨時收到回饋，所以要根據回饋進行修正。

所謂的回饋就是孩子的反應。如果孩子做出了問題行動，那也是一種回饋。這些都是重新審視教養態度並進行修正的機會。

世上沒有完美的父母，這是理所當然的。

「是不是我的育兒方式錯了？」沒必要這麼想，或因此感到沮喪。

就連在說這番話的我，也絕對不是一個完美的家長。用四類型來說的話，我知道自己屬於「過度保護型」。

由於我的工作必須頻繁調職，女兒們光是小學就換了四間。每次轉學，就必須重新適應新環境，非常辛苦。我覺得自己無論如何都要守護女兒們，所以產生了過度保護的傾向。如果是家長能力所及的事，我會事先幫她們解決，因為我想讓女兒們少受點苦。

一開始我們離開東京，移居到高知。語言、居住環境、氣候全都和以前不一樣，我心想，她們應該要花上好一段時間才有辦法適應。而且，光是「從東京來的雙胞胎女生」就已經夠引人注目了。我怕女兒們無法適應環境，擔心得不得了。

然而，孩子的適應速度超乎想像地快。她們很快就交到了朋友，還學會說土佐方言。當然，這是因為她們自己非常努力，而高知的人們也溫柔地接納了她們。即便如此，身為父親的我還是決定繼續當個過度保護型家長，不想讓女兒們吃苦的想法依然存在。

不過，我們家人之間會隨時進行討論。

就算需要調職，也有不帶著全家搬家，我自己一個人移居到工作地點的選項。我們每次都會一起討論，全家人共同決定要怎麼做，並且重視在家庭會議上一起決定的事情。

多虧有家庭會議，過度保護型的我才不會衝過頭，得以一邊修正一邊前進。與孩子相處的時間比我長的妻子曾對我說：「你可以多信任孩子一點。」也會把各種訊息和我分享。

把家庭會議變成慣例之後，女兒們也愈來愈常主動提出會議議題。她們會說「聽我說一下」，然後講出她們遇到什麼困難，或有什麼想找我們商量的事。

這種時候，我們會將模造紙（道林紙）鋪在餐桌上，一邊寫下關鍵字一邊聽她們說。我們不會給孩子建議，而是聽她們好好說完後，再進行整理：「原來如此，妳剛才說的是這個意思吧。」「這個和這個連結起來了。」看來這是一種非常好的方法。

身為父母，會擔心孩子是無可厚非的，但不要只是下達指示要求孩子遵從，可以的話，**請花時間好好聽他們說話**。

當我看見已經長大成人的孩子，遇到某些事情還是會來向父母求助時，也曾心想：「我是不是對孩子保護過度了？」不過這就是我們家的作風。目前沒有發生什麼大問題，家人之間也維持著好感情。

適合每個家庭的作風，是由親子一起建立的。不是父母單方面推行自己決定的方針，而是建立作為假說的方針，接受對於該方針的回饋，一邊調整一邊走下去。

練習語言表達

看著那些非行少年時，我經常覺得他們缺乏自我表達力。

我認為原因有兩個。

第一個，是**詞彙量貧乏**。因為知道的詞彙很少，所以沒辦法選用適當的詞彙，很難好好表達自己的心情，只會說「真不爽」、「總覺得很討厭」之類的話。

詞彙量貧乏也會造成溝通出問題。就算沒有惡意，也會不小心用讓人感覺帶有惡意的說話方式，在不知不覺間演變成嚴重的問題，這樣的情況相當常見。

若是沒有學會適當的用字遣詞，就算回歸社會，他們也會過得非常辛苦。因此，我們會讓少年院的孩子們大量閱讀書籍。讀書體驗對孩子而言是非常重要的。作為一種體驗，將詞彙灌輸到腦中，他們就能自己學會運用那些詞彙。不閱讀的孩子腦中的詞彙量一定會比較少。也許他們會透過手機或平板閱讀文字，但那和讀書體驗是完全不同的。

另一個原因是，**不習慣表達自我。**若是生活在不能無拘無束地表達自我的環境，應該就會不知道該如何表達自我。別人問問題，他們能夠給出最低限度的回答，但積極地自我揭露對他們來說是困難的。因為他們擔心自己說這些話有可能遭到否定。

即便擁有豐富的詞彙量，如果不會表達也是白搭。必須練習用言語表達「我是這麼想的」。

要讓孩子學會無拘無束地表達，重點就在於為他們提供一個不會被否定的環境。父母要好好傾聽他們的話，不要去否定他們。當孩子說了奇怪的話時，只要回「原來你是這樣想的啊」就好了。若是在途中打斷他，說「那個應該是這樣吧？」或「不對喔」的話，孩子就會變得不善表達。

我覺得不一定要做到「開家庭會議」的程度，在吃晚餐時問一句：「今天發生了什麼事呢？」讓孩子練習用語言表達自己的心情和想法，就是一種很好的方法了。

如果是因為工作的關係，沒辦法和孩子一起吃晚餐的家長。

不妨利用假日的午餐，或是吃早餐的時間做這件事。若是實際見面的時間很少，不妨建立在家庭ＬＩＮＥ群組上分享每日經歷的習慣。即便生活忙碌，我相信只要多花一點心思，就可以創造出親子之間的交流。

建立溝通的習慣

暫且不論要用什麼手段或如何擠出時間，應該有些人會因為害臊而不願意開家庭會議，或夫妻兩人一起討論育兒方式吧。

老實說，我以前也覺得和妻子討論育兒方式很羞恥，因此不大情願。我非常理解那種因為是家人、因為長時間相處在一起，而希望不用特地溝通就很有默契的心情。

但是，如果沒有好好講出來，就會有很多不了解的事情。**千萬不能有「這種事不用說對方也會懂」的想法**，要有意識地規劃出彼此溝通的時間才行。

尤其是父親，與母親相比，父親在育兒這件事情上的參與度較低，通常也不太願意討論。或許是因為在討論過程中，會產生自己受到責備的感覺。

理想情況是，趁孩子還很小的時候就建立起家人彼此溝通的習慣，這樣就會形成一種溝通是理所當然的風氣。在輕鬆溝通的過程中，應該會比較容易察覺自己的偏見，也能夠簡單地修正路線。

現在沒有溝通習慣，覺得特地規劃時間很困難的人，請從共享情報開始做起。不是關於孩子的事也無妨。若是突然要和另一半討論育兒方針，有可能會產生想抱怨對方的念頭，讓氣氛變得很差。無論是最近讀過的書，還是工作的話題都好，請從分享自己平常在想些什麼開始做起。各位可能會想說，這些事情平常就會聊了，但令人意外的是，這些事經常沒有好好傳達給對方，或對方只是左耳進、右耳出。

此外，全家一起去爬山或露營，在大自然的環繞之下對話也很不錯。出門旅行的話，也可以利用交通時間好好聊天。若是平常在家沒辦法創造出面對面好好對話的時間，不妨一起出門走走，這樣應該會比較容易開啟對話吧？

育兒是沒有正確答案的，是一個不斷嘗試錯誤的過程。途中會遇到很多煩惱，請隨時回頭審視自己的育兒方式，相信自己會走向更好的方向，繼續前進吧。未來的我們一定會變得比今天的我們還要優秀。

結語　為什麼犯罪心理學家要談論育兒？

感謝各位讀者讀到這裡。

大家覺得如何呢？

我於二〇二〇年夏天出版了面向大眾讀者、第一次由自己單獨執筆的前作《你說的話，對孩子是心靈雞湯，還是心靈毒藥？》，而本書承襲前作，是以育兒為主題的第二本著作。

托大家的福，前作獲得了好評，於是我才有了出這本書的機會，不過在前作出版前，我心中一直懷有一絲不安。「犯罪心理學家談論育兒？」我擔心在書店看到這本書的讀者會產生這個疑問，以及這本書能不能為大家所接受。

結果我的不安只是杞人憂天，許多人讀了我的書，不過還是有好幾個熟人跑來問我：「老師為什麼要寫關於育兒的書呢？」

相信讀完這本書的讀者應該已經了解了，犯罪心理學裡藏著許多育兒的提示。雖然令人感到痛心，但我們可以從養育出非行少年或罪犯的家庭獲得教訓，而且犯罪心理學畢竟也是一門心理學，育兒也和重要的人類心理有著密不可分的關係。

不過，這個說明只解釋了犯罪心理學家「為什麼可以談論」育兒而已。而我為什麼會想要談論育兒呢？換句話說，就是犯罪心理學家「為什麼該談論」育兒呢？懇請各位最後再給我一點點時間說明。

我平時是運用犯罪心理學的觀點，以犯罪預防專家的身分擔任警察組織或地方政府的顧問。

傳統的犯罪預防屬於「避免受害的犯罪預防」。是以罪犯存在為前提，為了避免被捲入犯罪，或為了避免自己成為目標而進行的犯罪預防。也就是說，這是一種比起「防止犯罪」，更偏向「避免自己成為犯罪受害者」的消極犯罪預防。

而我獨創了一個比這更進一步的「主動犯罪預防」理論。這才是真正意義上的「預防犯罪」，換個更簡單的說法，就是「防止人們成為罪犯」。

這是什麼意思呢？答案很簡單。就是去美化街道、徹底執行打招呼運動之類的，讓現在正在考慮犯罪的人，打消想要犯罪的念頭。雖然只是美化街道或打招呼這種微不足道的小事，但是這些事對於犯罪預防相當有效。乾淨的街道會讓罪犯待不下去，而經常有人向自己打招呼的地方，會讓罪犯覺得被檢舉的風險很高。

從避免成為犯罪受害者的犯罪預防，轉變成阻止罪犯產生的犯罪預防。這就是我過去進行犯罪預防研究的邏輯。

然而，光是這樣還遠遠不夠。我能不能從根本出發，讓站在犯罪的大門前，思考自己是否要踏進去的人減少呢？

對我而言，那個方法就是教育。

用個比較不近人情的說法，育兒和教育也可以說是培養出未來社會上優秀人才的過程。如同各位在本書中看到的，人之所以會走向非行或犯罪，很大程度是受到育兒方式的影響。這樣看來，犯罪預防不就連結到育兒了嗎？育兒就是「避免未來出現罪犯的犯罪預防」。

這就是身為犯罪心理學家，同時也身為犯罪預防專家的我，想要撰寫育兒相關書籍的契機。

應該沒有家長是帶著不要讓孩子成為罪犯的目的在育兒的吧。當然我也是。明明養育了兩個女兒，卻沒有任何犯罪預防的意識。斷言育兒是一種犯罪預防，或許是學者的傲慢。

然而，實際將這些內容統整成一本書之後，我自己也清楚了解到，「犯罪心理學家眼中的育兒理論」不僅具有由扣分到零分的犯罪預防效果，也有助於把孩子教得更好，從零分到加分、甚至再加更多分。

於是，深深體認到前作主題「犯罪心理學×育兒」多麼有趣、多麼有用的我，自然立刻著手撰寫第二本。

就算不談犯罪預防，育兒也是對孩子將來的投資，是對未來社會的貢獻。這一點是不會錯的。

希望我的知識能幫助您的孩子擁有更好的將來，對於作者來說，那就是至高無上的喜悅了。

感謝各位讀者，我就在這裡擱筆了。

謝謝大家。

●作者簡介

出口保行

犯罪心理學家。1985年修畢東京學藝大學研究所教育學研究科發展心理學講座，同年進入法務省擔任國家公務員心理師。之後從事資質鑑別，於日本全國的少年鑑別所、監獄、拘留所對罪犯進行心理分析，分析了超過一萬名罪犯。除此之外，也曾被派赴法務省矯正局、（財）矯正協會附屬中央研究所，且曾任職於法務省法務大臣官房祕書課國際室，最後擔任法務省法務綜合研究所研究部室長研究官，並於2007年辭官，擔任東京未來大學兒童心理學院教授。2013年起擔任該學院院長。曾參與許多內閣府、法務省、警視廳、各都道府縣政府、各都道府縣警察本部主辦的演講。提出獨創的犯罪預防理論「主動犯罪預防」。現為富士電視台節目「全力！脫力新聞」的常駐嘉賓，也會上其他電視台節目進行犯罪解說。前作《你說的話，對孩子是心靈雞湯，還是心靈毒藥？》（悅知文化）是在日本累積銷量超過十二萬本的熱門作品。

拒絕「危險育兒」！

從一萬名犯罪者中分析出的危險育兒法

出　　版／楓書坊文化出版社
地　　址／新北市板橋區信義路163巷3號10樓
郵政劃撥／19907596　楓書坊文化出版社
網　　址／www.maplebook.com.tw
電　　話／02-2957-6096
傳　　真／02-2957-6435
作　　者／出口保行
翻　　譯／王綺
責任編輯／黃穫容
內文排版／楊亞容
港澳經銷／泛華發行代理有限公司
定　　價／360元
初版日期／2025年1月

國家圖書館出版品預行編目資料

拒絕「危險育兒」！從一萬名犯罪者中分析出的危險育兒法 / 出口保行作 ; 王綺翻譯. -- 初版. -- 新北市 : 楓書坊文化出版社, 2025.1　面 ;　公分

ISBN 978-626-7548-36-3（平裝）

1. 家庭教育 2. 育兒 3. 個案研究

528.2　　113018290